百歳は夢でない

こうすれば近づける88のヒント

岡野誠一

百歳は夢でない

こうすれば近づける88のヒント

岡野誠一

はじめに

日野原重明先生（国際聖路加病院名誉院長）は、百歳で現役の医師として活躍し現在も多くの本を出版し、講演や創作活動で全国を飛び回っています。

柴田トヨさんは、九十歳過ぎてから詩作を始め百歳の時二冊目の詩集「百歳」を出版しました。

百歳で現役のプロスキーヤーだった三浦敬三さんは、毎日トレーニングを欠かさず自炊して自分で栄養管理をしていました。

キンさんギンさん姉妹は、ふたりとも元気に百歳を迎えテレビに出演し、快活でユーモアなお話で国民に元気を与えました。

私は五十代後半に子供が三人独立し、夫婦ふたりの高齢期をどう生きていくのか、どう過ごせば幸せな人生なのか、真剣に考えるようになりました。図書館で高齢者の生き方過ごし方などたくさんの本を借りて、いろいろと自分流の人生設計を考え始めました。

六十五歳でサラリーマン生活を終了し、近くの公民館でいくつかのシニアクラブに入会しシニア仲間からたくさんの活力をいただきました。

七十二歳の時、一念奮起し、もう一度勉強しようと五十年振りに母校の大学に社会人入学しました。週一日現役の三年生、四年生と一緒に専門科目を学びました。このため、いくつかのシニアクラブは退会し、趣味と実益を兼ねた男の料理クラブのみを現在も継続中です。同時期に、今まで読んだ本を参考に本を書こうと思い立ち本のテーマを「百歳」と決めて、新聞、テレビ、ラジオ、雑誌など高齢者向きの生き方を積極的に情報収集しました。百歳の方々の生き方を参考に、自分もできれば夫婦揃って「健康寿命百歳」を迎えることができれば、どんなに素晴らしい人生かと考えるようになりました。

百歳は人生最高の贈り物であり、人生最大の夢である。と確信するようになりました。これからは、一日一日を大切に過ごそうと日常生活全般を見直し、夢の実現のため実行していこうと考えました。しかし、健康で百歳をめざすことは容易なことではありません。身体の老化、家族、友人との別れ、病との闘いなど、いくつかの高齢者特有の困難が待ち構えています。本書は、私に課した百歳人生の実現に一歩でも近づけるよう自分自身に課した挑戦状でもあります。

読者の多くの皆様には、本書を気軽に読んでいただき本書のいくつかを実行されて、元気に百歳を迎えられ、生きる楽しみや幸せをたくさん享受されますよう希求しています。

なお、本書の出版にチャンスを与えていただいた東洋出版株式会社田辺修三社長及び編集者鈴木浩子さんにはいろいろなアドバイスと励ましの言葉を賜り厚く御礼申し上げます。

二〇一七年一月　岡野誠一

目次

第三章　お金は大切な老後資金

第四章　家族、友人との絆を大切に

第七章　最期に「ありがとう」を言おう

第一章　第二の人生は六十五歳から始まる

1　世界一の長寿者は百二十二歳

(1)　世界一の長寿者はフランス人

世界一の長寿者はフランスの女性ジャンヌ・カルマンさんです。一八七五年フランスアルル地方で生まれ、一九九七年故郷の老人ホームで百二十二歳の天寿を全うしました。百二十歳の誕生日に長生きの理由を「私は幸運だった。そして、病気をしなかったから長生きができた」と語りました。

ＷＨＯ（世界保健機関）は、人類の平均寿命を予測しています。一九八〇年に八十五歳以上になることはないと予測したが、日本人女性がこの記録を更新。一九九〇年代に予測を修正し、平均寿命は九十歳以上になることはないと発表。さらに二〇〇〇年代に入り、九十歳以上もあり得ると再々修正しています。

(2)　世界一の平均寿命は日本人女性

二〇一四年の世界一の男女別平均寿命は、日本人女性の八十六・八歳です。現在、日本人女性は三年連続世界一を更新中です。男性は香港男性が八十一・二歳で第一位、日本人

男性は、八十・五歳で第三位です。日本人が戦後の貧しいどん底から世界一の長寿国になれた理由は何か、

① 国民皆保険制度により、最新医療を国民が平等に受診できたこと、及び乳幼児死亡率が著しく低下したこと。

② 予防接種、健康診断など健康作りに政府が積極的に普及推進したこと。

③ 食事の改善に努め、和食を中心とした食生活であったこと。などがあげられます。

医学は日進月歩です。あらゆる病気の原因が遺伝子レベルまで解明し、早期発見早期治療で世界中の人々がその恩恵を享受できる日が二十一世紀中にやってくることでしょう。国連の推計によれば、世界の百歳以上の人口は、二〇六〇年には三百四十万人になると予測されています。

2　世界の百歳以上は三十二万人、日本は六万人で世界一位

(1)　百歳以上の人数は、日本が世界一位

世界の百歳以上の長寿者は、三十一万六千六百人です（二〇一三年推計）。世界一位は、日本で五万八千八百人です。人口十万人当たりでも、日本は四十二・六人で世界一位です。絶対数では、アメリカが二位で五万三千三百人ですが、十万人当たりでは、十二位で十七・七人です。十万人当たりの二位は、フランスで三十六・五人です。三位イタリア、四位韓国、五位タイの順です。

百歳以上の調査が始まったのは、一九六三年からで、日本は当時百五十三人でした。一万人を超えたのは、三十五年後の一九九八年、五万人を突破したのは、四十九年後の二〇一二年です。日本では毎年三千人から四千人が百歳の仲間入りをしています。

(2)　先進国、新興国でも高齢化は進行中

世界の人口は十八世紀後半から急増中です。一九五〇年は二十六億人でしたが、二〇一一年には七十億人となりました。六十年間で四十四億人も増加しました。国連人口

基金は、二〇五〇年に世界の人口は九十三億人に達すると推計しています。

人口の増加と並行して高齢化（六十歳以上）のスピードも速くなっています。二〇一〇年の世界の高齢化率は、七・六％ですが、二〇六〇年には、一八・三％になると予測しています。世界の総人口の五人に一人が高齢者になります。

日本が世界のトップクラスの超高齢化社会になっていますが、先進国、新興国でも高齢化は進行中です。アジア諸国をみると、韓国は日本を上回るペースです。タイ、ベトナム、中国も高齢化が進んでいます。

国の経済がまだ成長していないのに高齢化がやってくると、社会保障制度が大きな政策課題となります。各国とも医療、介護、年金、子育てなどこれから難題と直面せざるを得ません。

3　六十五歳から第二の人生が始まる

(1)　六十五歳までは子育て期

私たちは親から大切な命を受けて成長してきました。親の慈愛のもとで幼児期・少年期を過ごし、親から自立するため、勤労に従事し良き伴侶を得て家庭を築きました。親が生きてきた世代は今日の社会情勢と異なりますが、親が私たちにしてくれた人生体験と同じ道を私たちも子どもにしてきました。

特に、幼児期の母親は子どもの顔色、食欲、睡眠、遊び方などいつもと違うことがないか一喜一憂しながら子育てをしてきました。

父親は一家の主として、家族を養うため、ある時は自分の感情を押さえ社命に忠実に耐え、働いてきました。共働きの妻は、更に職場との両立も加味され、一日一日がまさに戦場となりました。

そして、子どもが親から自立する時がやってきます。子どもが社会の一員として立派に仲間入りし、勤労に従事した時が、親の責務から解放されるときです。

(2) 六十五歳から第二の人生が始まる

江戸中期の測量家、伊能忠敬《ただたか》（一七四五年―一八一八年）は、下総（現在の千葉県佐原市）で、酒造業や薪問屋などで財を成し、三十六歳で名主、四十九歳で家業を長男に譲って隠居。五十歳の時、幼児期から興味を持っていた天文学を勉強するため、江戸へ出て天文学者高橋至時《よしとき》に弟子入りする。五十五歳の時、日本地図を作ることを幕府に願い出て許可を得る。十七年かけて日本全土を歩いて測量し、日本最初の実測地図を作成した。歩いた距離は約四万キロ。地球一周に達した。

忠敬が隠居してから、国家的大事業に自費（一部幕府も援助）で果敢に挑戦した男の生き方は、後世の人々に輝かしい功績のみでなく、どんなことにもあきらめなければ夢は実現できるぞという実体験を証明してくれました。

私は、子育てが終わる六十五歳頃から、第二の人生が始まると考えています。第二の人生の生き方、過ごし方は十人十色です。

さあ、第二の人生をおおいに楽しみながら過ごしましょう。

第二章　健康な体をつくろう

4 健康寿命を伸ばそう

(1) 健康寿命とは

健康寿命とは健康上の問題がない状態で、日常生活を送れる期間で、WHO（世界保健機関）が提唱した指標です。平均寿命から、衰弱、病気、痴呆などの介護期間を差し引いた期間です。日本人の健康寿命は、男性は七十一・二歳、女性は七十四・二歳で、平均寿命との差は、男性は九年、女性は十三年あります（二〇一三年）。

(2) 健康寿命を伸ばすにはどうすればよいか

厚生労働省の指導で、日本成人病予防協会が公表している健康寿命を伸ばす生活習慣を紹介します。

A　テクテク歩きましょう

①　一日三十分を目標に　②　体調に合わせてマイペースで

③　楽しく長続きする運動を

B　カミカミしましょう

①　朝食をとる、夕食はたっぷり　②　腹八分を心がける　③　乳製品、野菜類、良質の蛋白質（魚、大豆製品等）などバランスよくとる　④　ひと口二十回かむ

C　ニコニコしましょう

①　ストレスとうまくつきあう　②　完璧主義を捨てる　③　過去にこだわらず前向きに考える　④　思考を柔軟に　⑤　ひとりで抱え込まない　⑥　十分な睡眠をとる

D　ドキドキ、ワクワクしましょう

①　行きたい所がある　②　したいことがある　③　会いたい人がいる

④　時間を忘れさせてくれる　⑤　五感を使って感動をたくさん味わう

長寿を目指す第一歩は、自分の日常生活は自分でやることです。右の行動指針を参考にして健康寿命を伸ばしましょう。

5　自分の体を正しく知る

(1)　自分自身の体を知る

六十五歳を超えると多くの高齢者は、肩がこる、手足がしびれる、足腰が時々痛くなる、すぐ風邪をひく、人の名前を思い出せなくなり物忘れが多くなる、肌ががさつく、目がかすむ、尿が近くなるなど個人差がありますが、体のあちこちで老化現象が始まります。また、若い時からの過飲酒、多喫煙、食べ物の好き嫌い、運動不足、過重労働、不規則な生活など、不健全な日常生活による体調不良も生じます。

人間の体は、「老いる」、「年を取る」など誰もが経験しなければならない関門があります。このスピードは、各個人の生活習慣や医療技術の手助けによって遅らせることが可能になりました。

また、「私の家系はがんの家系だから長寿は無理」など、遺伝家系がその人の寿命に大きく関係すると考えている人も多いと思います。しかし、最近の医学の研究では遺伝要素は約三割位で、七割はその人の生活環境によることが分かってきました。このためにも、自分の体のことを正しく知る必要があります。

(2) 定期健診を必ず受診する

勤めている高齢者は、勤務先の社会保険を利用して「定期健診」を、自営業、無職の高齢者は、各自治体で実施している「特定健康診査」(七十四歳まで)、及び「後期高齢者健康診査」(七十五歳以上)を受診しましょう。安い料金で血液検査やがん検診などを受けられます。

あらゆる努力をして病気にならないこと。病気を早期に発見し、早期に治療すること。そして、自分の体を正しく知ることで、人生を安心して快く楽しむことができます。

6 快眠、快食、快便

高齢者にとって健康体で長生きできれば、毎日が活き活きと楽しい日々になります。どうすればこのような日常生活を送れるのか、快眠、快食、快便ができれば、どんなに快適で楽しい日々になるか、ちょっとした工夫を考えてみましょう。

(1) 快眠

必要な睡眠時間は年齢によって変化します。若い人は七時間から八時間必要でも、高齢になると六時間でもよいとのことです。個人差がありますが、夜中に何回も目が覚める、トイレの回数が多くなるのも年齢を重ねると生理機能が低下するためと言われています。

快眠のために心掛けることは、

① 人は一晩に二十回から三十回寝返りする。布団、寝間着などで工夫する
② 毎日同じ時間に起床、就寝を習慣化する
③ 寝る前に多量の酒、コーヒーなど控える
④ 寝つきの悪い人は、読書、テレビ、ラジオ、軽い体操などで調整する
⑤ 照明、冷暖房装置で寝室環境の見直しをする

(2) 快食

食事については別のテーマでも書いていますが、高齢者にとって食事は一番の楽しみです。

① おいしく食べることが元気のもと
② 一日三食を定時に食べるようにする
③ なるべく食品の種類を多く食べる。バランスの良い食事は栄養面でも良好
④ 季節感を味わうため、和食料理を多く
⑤ ゆっくりよく噛んで、腹八分を目安に

(3) 快便

便は食事の量や内容により個人差があります。一日三回まで、三日に一回までが正常の範囲と言われています。

① 便の色が赤い、黒いなどは病気の赤信号
② 便秘や下痢が続いている人は早期検診を

7 「食は命」バランスの良い食生活を

(1) 一日三食規則正しく食べる

健康のために一日三食規則正しく食べている人の割合は、全年齢で、六十七％です。六十五歳以上では七十七％でした（二〇一四年厚生労働省）。残りの二十三％の高齢者は、病気、買い物難民、粗食などから三食規則正しく食べられていないことが分かりました。

(2) 低栄養にならないバランスのよい食生活を

日本応用老年学会理事長の柴田博先生は、高齢者が低栄養に向かっていると指摘しています。高齢者が低栄養になると、免疫力が低下し、筋肉が減少し、骨が弱くなる。その結果外出した際に感染症にかかりやすくなったり、ちょっとしたことで骨折したりすることが多くなるとのことです。

柴田先生は低栄養化予防とバランスのよい食生活をとるために、次のように提言しています。

①三食をバランスよくとる。一日十品目以上
②動物性蛋白質を十分とる
③魚と肉の摂取量は、一対一
④油脂類を十分に摂取する
⑤牛乳を毎日飲む
⑥緑黄色野菜や根菜など多種類の野菜を食べる
⑦食欲のない時はおかずを先に食べご飯を残す
⑧酢、香辛料、香り野菜を十分取り入れる
⑨和風、中華、洋風とさまざまな料理を取り入れる
⑩かむ力を維持するため義歯は定期的に検査を受ける
（柴田博監修「今日から実践！安心食生活」社会保険出版社 二〇一一年二月二二日付産経新聞）

8 「腹八分」に慣れる訓練を

(1) 腹八分に慣れる

食べることは生きることであり、食事をすることがだれにも最重要なことです。

現役の時は早朝から夜遅くまで働くため、エネルギー源を食事の量でカバーしてきました。しかし、高齢になると勤労から解放され、食事の量をそれほど必要としなくなります。食生活もその人の一日の行動に見合ったカロリーに低減していくことが必要となります。

日本人の肥満は、七十歳以上の男性で二十七％、女性で九・五％です（二〇一二年厚生労働省、ＢＭＩ25以上）。

肥満の人には、糖尿病、高血圧、痛風、関節症（特に女性は膝関節）などになる人が多いです。動物実験では食事制限をすることで、寿命が延びたことが発表されています。肥満防止のため、健康で長寿を目指すため、高齢者の食事は腹八分を目標に改善してみませんか。しかし、満腹感を満たさないとダメだ、と思う人は多いと思います。七十歳以上の多くの人は戦後の悲惨な食糧不足を体験しています。食べ残してはいけない。米は一粒でも粗末にしてはならない。と厳しく指導を受けてきました。腹八分は肥満防止と長寿への道に近づけると発想を変えてみませんか。

(2) 少食多噛《しょうしょくたぎょう》

満腹感を満たすためには、「少食多噛」の訓練が必要でしょう。ひと口食べ物を口に入れたら二十回噛むようにと、医学書に書かれています。噛めば噛むほどに脳が活性化される。消化吸収が良くなる。唾液の殺菌効果で虫歯や歯周病の予防になるなど良いことばかりです。私自身まだひと口二十回噛むことができていませんが、目標にしていこうと思っています。よく噛めば食べる幸せも一緒に噛むことができると思います。

9　節煙、休肝日で生活改善

(1)　タバコ

「タバコは百害あって一利なし」「タバコを止めれば五歳若返る」「あの一服でストレス解消」など、タバコの功罪はどの医学書にも書かれています。日本人の喫煙率は、一九九七年がピークで、男性五十二・七％、女性十一・六％です。二〇一二年には、男性三十四・一％、女性九％まで減少しています。男性は女性に比べ着実に減少しています。

タバコの害は、がん（肺、咽頭、口腔、食道、胃、膀胱、腎臓、膵臓など）、呼吸器、循環器、脳神経など多くの器官にリスクがあることが知られています。また、周囲にいる人にも受動喫煙の被害も起きています。未成年者や胎児の発育に影響があり、未成年者と妊婦は禁煙すべきです。

私は完全禁煙でなく、一日三十本以上吸う人は二か月で一本、一年で六本減らしていく「節煙」を提案します。あの人はタバコで命を縮めたと言われないようにしましょう。

(2) お酒

お酒は「百薬の長」「楽しい気分になり、憂いを忘れる」など、良いことが言われています。しかし、それは適量である場合のことです。功罪はタバコとやはり似ています。過飲酒になれば、肝臓障害やがんになります。

国立がん研究センターの調査では、アルコールを全く飲まない人に比べて、適量（日本酒換算一日一合から二合）飲む人の方が健康的な生活を送っているとのことです。私の提案ですが、毎日飲むのでなく一週間に一日とか二日休肝日を作ることです。

私事ですが、私は六十歳から週二日、六十五歳から週三日休肝日としています。

会合の出席や来訪者との懇親の日は例外としています。皆さんも節煙と休肝日を無理のない範囲で設定し、人生を楽しく元気に過ごしてください。

10 「簡単」「いつでも」「ひとりで」やれる運動を

国立循環器病研究センターの調査では、一日の歩行時間や一週間のスポーツ時間の長い人の方が、循環器病及び生活習慣病による死亡者数が減少するという調査結果があります。運動量でより長生きできると実証されています。

高齢者の運動は、年齢、生活状況、体調など個人差があります。自分に適した「簡単」「いつでも」「ひとりで」できる運動をみつけましょう。

(1) 歩く（散歩）ことは最高の趣味になる

主婦の一日の家事労働（調理、洗濯、掃除、買物）の歩数は約五千歩です。主婦の方はもう少し運動をする必要があります。外出する機会の少ない高齢者の男性には散歩が適しています。毎日三十分以上歩く、一時間歩くと目標を立てて散歩をしてみませんか。歩くとどんな良いことがあるか。

① やせる

脂肪を燃焼しエネルギーに変えることでやせることができる

② 筋力低下の防止や骨が丈夫になる

③　血圧が安定して血管年齢が若返る
④　気分がよくなりリラックスできてストレスが発散できる
⑤　脳に刺激が送られボケ防止になる
⑥　わが街の歴史史跡観光名所などを知ることができる

(2)　体操など簡単な運動を見つける

ラジオ体操、テレビ体操は、高齢者にとって決められた時間に体を動かすので適しています。私たち夫婦も毎朝六時三十分からラジオ体操を続けています。

ラジオ体操は十三種類の全身運動になっています。日頃使っていない筋肉、関節、骨などに効果があります。肩こり、腰痛防止とともにダイエットの効果もあります。

高齢者の方の中には、運動は面倒という方がいますが、例えば、手を挙げたりおろしたり、足を曲げたり伸ばしたり、手を広げたり結んだりとちょっとしたことでもよいので、毎日運動を取り入れて元気に暮らすようにしてください。

11 「がん」にならない十二のルール

(1) がんは死因第一位

日本人が一年間に死亡する総数は、約百二十七万人です（二〇一三年）。このうち死因第一位はがん約三十六万人、二位心疾患約二十万人、三位脳血管疾患約十二万人です。がんによる死因は一九八一年より第一位で、生涯のうち約二人に一人ががんにかかると推計されています。今後高齢化とともにがん患者、死亡者数とも増加していくと見込まれています。日本では一九八四年から政府によるがん対策への取組みが行われています。がん検診も胃、肺、大腸、乳、子宮がん検診を実施していますが、受診率は二十％から三十％台です。がんの治療技術、抗がん剤の新薬開発など医療の進歩は、近い将来世界の人々にたくさんの喜びを与えると信じています。

(2) がんにならない十二のルール

がん研究振興財団センターは、「がんを防ぐための新十二カ条」をまとめ公表しました（二〇一一年）。

①たばこは吸わない
②他人のたばこの煙をできるだけ避ける
③お酒はほどほどに
④バランスのとれた食生活を
⑤塩辛い食品は控えめに
⑥野菜や果物を豊富に
⑦適度に運動
⑧適切な体重維持
⑨ウイルスや細菌の感染予防と治療
⑩定期的ながん検診
⑪身体の異常に気がついたらすぐ検診を
⑫正しい情報でがんを知ることから

12 「生活習慣病」の予防はライフスタイルの改善から

(1) 生活習慣病は死因の六割

生活習慣病は一九九六年公衆衛生審議会において提唱されました。「食習慣、運動習慣、休養、喫煙、飲酒等の生活習慣が、その発症・進行に関与する疾患群」と定義しました。それ以前は、加齢に伴って必然的に発症する疾患群として、「成人病」と呼んでいました。生活習慣病の関連疾病は、医療費のうちの約三割、死因の約六割を占めています（二〇一二年）。日本人は戦後高度経済成長期を迎えてから、生活全般が豊かになりました。その結果、日本人の食生活は魚介類、野菜、穀類などを中心とした和食から肉類、脂肪分の多い欧米食に大きく変わりました。また、飽食の習慣により肥満体が多くなりました。

一方、生活レベルの向上により家庭では電化製品の増大、自動車の普及など暮らしが便利になり、運動不足となりました。社会環境が複雑化、高度化して不安、悩み、緊張など多くのストレスを生じ心身の疲労により飲酒、喫煙に頼ることにもなりました。

(2) 生活習慣病の予防はライフスタイルの改善から

多くの著名な先生方が生活習慣病を予防する方法を指摘しています。

① 肉、魚、野菜、穀類などバランスの摂れた食事を
② 適度な運動をしてストレスを少なく
③ 禁煙
④ 適量な飲酒
⑤ 塩分少なく
⑥ 定期健診で早期発見を

元気で長生きするため日常生活をもう一度見直してみませんか。

13 「認知症」は早期発見が重要

(1) 六十五歳以上の四人に一人が認知症

六十五歳以上の高齢者のうち、認知症の人は約四百六十二万人、軽度認知障害者は約四百万人、四人に一人が認知症とその予備軍です（二〇一三年）。

症状は知的機能の低下により記憶力、判断力、思考力障害が生じることです。具体的な問題行為は、夜間徘徊、人物誤認、幻覚妄想、うつ状態、作り話、不潔行為などが見られます。日常生活では食事、衣類の着脱、入浴、歩行、トイレ、洗面などが不自由になり介助が必要となります。配偶者や子どもなどの顔や名前を忘れる、自分の持ち物と他人のものの区別がつかない、台所での空だきや火の不始末、大声をあげる、うそをつく、拒食、過食など、たくさんの異常がみられます。

(2) 認知症は早期発見が重要

認知症は現在新薬も開発されていますので、周囲の人がおかしいと感じたら早期に診断を受けることです。いくつかの認知症予防法がありますので参考にしてください。

①　運動をする（散歩、軽体操、家事などで体を動かす）
②　くよくよせず、前向きに楽しく生きることを考えて行動する
③　タバコは止め、お酒は適量に
④　睡眠と休養をよくとる
⑤　食事は一日三食楽しく食べる
⑥　一人で家にいることを避けて人と会話し外出を多くする
⑦　テレビ、ラジオ、新聞などから世の中の動きを知る
⑧　日記や手紙など文章を書く
⑨　趣味をみつけて仲間と楽しむ

14　歯を大切にして美味しい人生を

(1)　八十歳二十本をめざす

食事をすることは生きていくために欠かせません。三度の食事こそ私たちの一番の楽しみです。

国は八〇二〇運動を積極的に推進しています。八〇二〇とは、八十歳になっても自分の歯が二十本以上あることです。現在、八十歳の人の平均残存歯数は約八本です。二〇本以上ある人は約十五％です。虫歯や歯周病などで歯を失った人は、義歯（入れ歯）かインプラント（人工歯根を埋め込む人口歯）を補填しています。

歯は親知らずを除くと二十八本あります。老化現象で歯を失ったのでなく、大部分は歯の手入れを十分しなかったために失ったのです。歯磨きは口の中を清潔にして食欲を増進させ、虫歯や歯槽膿漏、口臭の予防になります。一石四鳥にもなります。また、上下の歯をかみ合わせることで、脳の機能が維持されて認知症になりにくいとの調査研究もあります。

(2) 一年に二回定期検診を

高齢者の方は歯磨きを毎食後、丁寧に行うことを心がけましょう。また、一年に二回は歯科医院で定期的に検診を受けましょう。歯磨きが自分でできない人は、人の手助けを必要とします。歩いて洗面所まで連れていってもらう。ベッドに寝たきりの人は、上半身を起こしてもらうなどして歯磨きをする。入れ歯の手入れも大切です。一日一回入れ歯洗浄剤で除菌しましょう。普通の汚れならば一〇分くらいで効果はあります。

健康を維持するために歯は大切です。健康な人の多くはよく噛んでいる人です。食べることで栄養を吸収し筋肉を作り生命力を得る。毎日三度おいしく食べられる幸せは、噛むことで始まります。噛むことで美味しい人生を楽しむことができます。

15　三食昼寝つきは早ボケ早死にする

(1)　三食昼寝つきはほどほどに

三食昼寝つきとは、専業主婦の優雅な生活ぶりのたとえです。しかし、男性が定年で仕事を辞めると「これからは少しのんびり自由に過ごしてください」と妻が夫をねぎらい三食昼寝つきになります。この「少しのんびり」が思いもよらないことになります。もう会社に出勤しなくてよい。嫌な人にペコペコしなくて済む。毎日好きなことができる。夕食は今までと同じく晩酌つき。こんな優雅な生活を続けていると、誰でも早ボケ、早死にの兆候が現れてきます。長寿を目指す人はほどほどにすべきです。

(2)　早ボケ早死にしないために

定年退職後の男性は次のことを実行して余生を楽しみましょう。

①　三食昼寝つきは一か月でやめる

②　夫婦で外出を多くして食事、旅行などを楽しむ

③　妻の自由時間を束縛しない

④　家事をできるだけ手伝う
⑤　老後の楽しみに趣味などを早く見つける
⑥　熟年離婚にならないように気をつける
⑦　ボケない老化防止に毎日運動をする
⑧　定期的に健康診断を受ける

老後の人生をどう生きるかは、あなたの行動で決まります。

16　転ばない、重いものを持たない、腰痛・膝痛に注意

(1)　六十五歳以上の八割が腰痛経験者

六十五歳以上の八割が腰痛（膝痛含む）を経験している。特に女性の高齢者に多いです。一度発症すると何度も繰り返す傾向があります。更に、安静にしていると、腰痛から寝たきり状態になり今度は歩行困難となるなど、介護の手助けが必要となるケースも多々あります。

(2)　腰痛・膝痛にならない秘訣

①　転ばない、重いものを持たない

家の中や外出したとき、ちょっとしたことで転ぶことがあります。高齢になると手の付き方が悪かっただけで、骨折ギブス固定で一週間、一か月入院の大ごとになることもあります。また、重いものを持ち上げたり、運んだりしたときにぎっくり腰（急性腰痛病）などになります。炊事、掃除など家事労働で同じ姿勢を長く続けない、重いものを持たない、持つときは腰に負担を与えないなど高齢者は十分注意しなけ

ればなりません。

② いつも正しい姿勢で立つ、歩く、座る

悪い姿勢で椅子に座っていると腰への荷重がかかります。また、ねこ背で背中が丸まってきて変形性脊椎病になったりします。正しい姿勢を心掛けることで腰痛予防にもなります。

③ バランスの良い食事を心掛ける

高齢になるとカルシウムなどの不足から骨がすかすかになります。丈夫な骨を作るためカルシウムなどを十分摂取するとともに、バランスの良い食事を心掛けましょう。

④ 日常生活に運動を取り入れる

運動はラジオ体操、散歩、軽いスクワット、水中ウォーキングなど自分が楽しくできる運動を習慣化して足腰を鍛える。腰痛・膝痛を老化現象と考えないことです。

17　介護難民はいつか誰にもやってくる

今日が何日かわからない、家族の名前がわからない、お金を盗まれたと騒ぐ、今いるところがわからない。こういった症状が現れた場合、誰かの介護が必要です。二〇〇〇年に介護保険制度が導入されたとき、要介護者は百八十四万人でした。二〇二一年には二・五倍の四百五十八万人となり、年々増加しています。このため、介護保険の財政危機もありこれからどうすればよいのか、いくつか考えてみました。

(1)　介護施設に入れない現状

介護療養型病床約七万床を二〇一七年度末までに廃止する。要介護3以上の人しか特別養護老人施設には入所できないなど介護難民が続出する政策変更がありました。

(2)　誰が要介護者をみるのか

①　施設入所
特別養護老人施設、介護療養型保健施設、介護老人福祉施設などに入所する

②　訪問医療、訪問介護

自宅で定期巡回と随時対応してくれる訪問医療、訪問介護を利用する

③　家族介護

夫（妻）の介護を妻（夫）がみる。あるいは子どもがみる。子どもがやむなく仕事を辞めて介護をするケースが年々多くなってきました。

(3) 介護にはお金と家族の協力が不可欠

介護施設に入所するには数年順番待ちが普通です。また、介護保険を利用する人は自己負担一割が二割に増額になりました。経済的な理由で施設に入所できる人できない人もあります。お金はどの位必要か、施設介護か家族介護かよく話し合いをしておきましょう。

18　サプリメントは健康（栄養）補助食品

青汁、アガリクス、アミノ酸、アロエ、イチョウ葉エキス、ウコン、カテキン、クエン酸、グルコサミン、コラーゲン、ポリフェノールなどたくさんのサプリメントを毎日テレビ、新聞、雑誌などで見聞きします。若返る、美容に良い、健康な体になるなど効用も説明しています。厚生労働省の調査ではサプリメントは男性十七％、女性二十四％が利用し市場規模も一兆円超とのことです。高齢者にとってサプリメントは必要か考えてみましょう。

(1)　サプリメントとは

ビタミン、ミネラル、蛋白質、アミノ酸、脂肪酸、食物繊維などの栄養素のほか西洋ハーブ類、微生物やその発酵産物の食品など体に有用とされる物質を含む食品で健康補助食品、栄養補助食品といわれています。医薬品でないが自然治癒力や免疫力を高める効果が期待されています。

(2)　サプリメントは必要か

私たちの食生活は過剰摂取、偏食、加工食品の多用などによりミネラル、ビタミンなどが不足しています。このため体調不良、ストレス、疲労などから病気になりやすくもなります。いろいろな疾病予防の効果が証明されているサプリメントを利用してみるのもよいと思われます。

(3) 飲み方に注意する

① 常温の水で飲む
② 用法用量を守る
③ 薬を服用している人は主治医に相談する
④ 三か月継続して効用を確かめる

短期的な効果は期待できません。細胞のすみずみまで栄養素がゆきわたりその結果免疫力、自然治癒力を増加させます。よく説明書を読んで自分に合ったサプリメントを見つけてください。

19　病気と仲良く付き合う

(1)　死因の九割は病死

日本人の一年間の死亡者数は約百二十七万人です。このうち病死が約九割で病死以外は老衰七万人、不慮の事故四万人、自殺二万六千人です（二〇一三年）。ほとんどの人は病死を避けることはできません。

「百科家庭の医学」（主婦と生活社）によれば、高齢になれば体の細胞の数が減少し生理機能が低下するとともに適応能力も低下して病気になりやすくなります。高齢者の病気の特徴は、次の５つがあげられます。

①　慢性的な病気が多い
②　諸系統の病気が重なって起こる
③　症状が非定型的
④　薬の副作用が出現しやすい
⑤　脳以外の病気でも意識障害がおこる

(2) 病気との付き合い方

日常生活をどのように過ごし病気と付き合うか考えてみましょう。

① 予防に勝るものはない

病気の予防にはバランスの良い食事、適度な運動と休養など日常生活を規則正しく過ごしましょう。

② 症状が軽いと自己判断せず早期受診を

食欲がないのは暑さのせいと自己判断せず、かかりつけの家庭医を受診しましょう。

③ 脳の老化を遅らせる努力を

脳の老化から認知症となり介護が必要となります。いろいろなことに興味や関心をもち表現する工夫をしてみましょう。

④ ひとりにならず外出を多くする

外出を多くし人と会うなどして落ち込まないようにしましょう。

⑤ 病気は宿命とあきらめずあらゆる対策を

最新の治療について調べるなど病気と闘う意志が大切です。

20　信頼できる家庭医、病院をみつける

(1)　信頼できる家庭医とは

熱がある、咳が出る、腰が痛い、頭痛がするなど比較的軽い症状のときは近くの診療所（かかりつけ家庭医）を受診します。問診と簡単な医療器具で診断し、薬を指示しました来るようにと言われます。数週間たっても良くならないと何か重大な病気があるかもしれないと判断します。信頼できる家庭医の見分け方は、患者の日常生活などを詳しく聞き丁寧に問診、触診をする。看護師などにも親切に接し、むやみにたくさんの薬をださない。近所や患者の評判が良く自分の治療が限界であるときは適切な専門病院を紹介する医師です。

(2)　信頼できる病院とは

専門病院はかかりつけの家庭医に紹介してもらうのがよいでしょう。専門病院では最新の医療設備などで検査が終了すると、主治医から治療方針が説明されます。手術ならば本人の同意を求められます。良い主治医は治療方針についていくつかの方法があること、そ

れぞれのメリット、デメリットについて十分な説明をします。がんや難病の患者には直接説明せず家族に説明することもあります。

主治医の治療方針について患者と家族で意見がまとまらないときには、セカンドオピニオン制度を利用するとよいです。セカンドオピニオン制度とは主治医以外の専門医師から治療方針を聞くことです。主治医にきちんと話しをして主治医から病気の経過記録、検査データなどを持参する必要があります。費用は三万円程度で自己負担です。診断は一時間くらいで予約が必要です。インターネットでも検索できます。

高齢者にとってどの医療機関を利用するかは余命と密接な関係がありますので信頼できる医師と病院をみつけることも重要となります。

第三章　お金は大切な老後資金

21　生活資金の収支を見直す

(1)　生活資金を計算

六十五歳からの老後資金は一億円必要などという雑誌の記事をみることがあります。本書はこれから百歳をめざす高齢者の方のために書いていますので、現実の生活資金をどうするかを考えました。

夫婦ふたりの生活で子どもは自立し自分たちのマイホームの借金も完済して余生をどう過ごそうか考慮中です。老後の生活は各家庭の暮らし方をどう設計するかで異なります。しかし、毎月の支出項目は食費、住居費、光熱水費、保健医療費、交通通信費、教養娯楽費、税金など、どの家庭も同じ項目があります。また、自動車の有無、自宅の面積の広さ、どの地域に住むかにより生活資金も差異がでます。

老後は無職ですので勤めていた時より昼食代、交際費、衣服代、交通通信費などは大幅に支出を減額します。ただし、医療費は増加するでしょう。毎夕食もお酒つきの食事は体調を考えて酒量を減らし休肝日を作る。生命保険も子どもが独立したので、高額の保険料は不要で入院費用などを準備できる掛け捨て保険で十分です。各家庭で項目ごとに毎月の生活資金を計算する必要があります。

(2) 老後資金は余分にあると安心

元気なうちに海外旅行をしたい。親の介護と自分たちの介護費用、お墓や葬式費用、子どもたちの結婚やマイホーム援助、孫たちへのお年玉、誕生日、入学などのお祝いなどこれからいろいろと将来の支出が考えられます。老後の生活資金はまず年金収入などをきちんと計算して生活費は年金の範囲内にする。生活費以外はいままでの貯金などから過大にならない範囲で支出する。大切な老後資金なので夫婦でよく話し合って生活設計を考えてください。

22　振り込め詐欺、悪徳商法にだまされない

(1)　振り込め詐欺が多発している

会社の小切手五百万円を電車のなかでなくした。今日中に返済しないと会社を首になる。息子から母親に電話があり急ぎ銀行から預金を引き出し息子の会社の人に渡してしまう。振り込み詐欺の典型的な事例です。

二〇一四年の振り込め詐欺と架空請求、融資話、還付金詐欺などを含めた特殊詐欺の被害額は約五百六十五億円、発生件数は約一万二千件です（警察白書）。その手口は年々巧妙になり、詐欺の中でも振り込め詐欺は一件あたりの被害額が大きく、その方法は、受け子が現金を自宅で受け取る方法、宅配便などで送金させる方法があり、被害金額は過去最高となっています。被害者の九十％は高齢者です。特に息子の名前（娘は聞きません）を装うこと、風邪をひいたので声が変になったこと、電話の相手は母親が多いことが特徴です。

高齢者のお金はこれから医療、介護、葬式などの大切な老後資金です。子どもの苦境を助けたい前に振り込め詐欺を疑うこと。子どもに電話をして確認してみる。警察に電話をするなど被害にあわないようにしてください。

(2) 甘い話には裏がある

未公開株ですが上場前に特別にあなたにだけお知らせします。A社は海外事業を展開中でA社の社債は十％の高利回り売り切れる前に購入をお勧めします。高齢者の預金を狙う悪徳商法が次から次に出てきています。犯人はあなたの住所、氏名、資産などを調べています。いかにも真実であるように思わせて大金を手に入れることができると持ちかけてきます。そのような甘い言葉を疑ってかかることを心掛けましょう。甘い話には毒があり裏があります。

23　相続税を試算し自分の相続方針を決める

(1)　相続税法が改正された

自分が亡くなったとき、残された家族にどのように相続させるか悩まれる人が多いと思います。七十歳を過ぎたら相続税について考えをまとめておく必要があります。

相続税法は二〇一五年一月一日以降大きな改正がありました。今までは納税者のうち百人に五人ほどしか相続税を納付していませんでしたが、今回の改正で納付者が多くなります。特に都心部や不動産価格の高い地域に住んでいる方は宅地の面積が小さくとも納付対象になります。

改正の主な点は、遺産にかかる基礎控除額が引き下げられたことです。従前は五千万円と法定相続人掛ける一千万円の合計額を超えない場合の納税額はゼロでした。今回は基礎控除額が三千万円と法定相続人数掛ける六百万円に引き下げられました。配偶者と子ども二人の場合は四千八百万円以上の人が納付対象となります。

(2) 相続税を計算する

自宅、預貯金、株式のみの財産なら自分で概略相続税は試算できます。

① 土地の評価額は路線価方式と倍率方式があります。国税庁のホームページに各地域の道路と地域が掲載されていますので、近くの税務署に行き相談すればわかります。道路より奥行に面した土地や小規模宅地については、減額の特例があります。

② 家屋は役所が発行する固定資産税評価額です。

③ 上場している株式は試算した日の終値で計算してよいですが、実際の相続時は多少株価が変動します。

④ 配偶者には軽減特例があり、相続した法定相続分または一億六千万円以下のどちらか大きい額までは相続税はかかりません。

子ども同士が親の財産をめぐり醜い争いをすることは私たち高齢者の意思ではありません。残された家族の幸せを考えて財産をどのように配分したら円満に相続できるか早めに決めておきましょう。

24　老後は借金ゼロの生活を

(1)　日本人の高齢者は貯蓄をしている

七〇歳以上の世帯別貯蓄額は平均二千三百八十五万円（生命保険四百万円含む）です。年間収入の平均は四百四十五万円です（二〇一三年総務省）。日本人は比較的貯蓄意識が高いと思います。少年期に戦後の悲惨な貧しい暮らしを体験し高度経済成長期には一生懸命働き、家族を養いマイホームを建て小さな幸せを手に入れました。無駄な支出を少なくし将来のために貯金をしてきた人が多いからです。

(2)　借金するには明確な理由を

高齢者が借金をしなければならない理由をあげると、マイホーム資金（返済費用）、会社経営なら事業継続のための資金、農業経営ならば農機具購入資金、漁業経営なら新漁船、漁具購入資金などそれぞれ必要な理由があります。これらは生活及び事業に直接必要な資金になります。

(3) 無駄な借金はしない

一方、定年退職後時間に余裕があり海外旅行に行こうと定期預金を解約したくないので借金をしていく。低金利が続いているので借金して株式投資でひと儲けを考える人もいます。確かな返済計画のある人はやむを得ないですが、株投資などは流動的で投機的ですので借金までしてやることはいかがでしょうか。過去に大儲けを経験したとしても経済活動は生き物です。日々の経済の動きを国内及び国際的に詳細に分析することができることなど情報をたくさん収集分析できる一定の資質能力が求められます。

高齢になってから私欲のため株や投機で大損し、土地や家を失い老後生活を崩壊することだけはやめていただきたい。

借金ゼロが理想ですが借金をするなら返済計画が実現可能かどうかよく検討してからにしてください。もし返済が途中でできないと判明した時どのようにして解決するか最悪の事態を考慮することが高齢者には必要です。いままで活躍してきた人生をマイナス人生にしないことを肝に銘じてください。

25　衝動買いは家庭崩壊の赤信号

一人でできる、場所はとらない、操作が簡単、値段は五万円で安い、テレビを見ていた夫は直ちに電話で申し込む。その時妻は買い物で不在でした。のちほど宅急便が届いてから夫婦喧嘩です。健康に良いので買ったのがなぜ悪い。健康器具はうちには三つあり置き場所にも困ります。電話をするとき私にも相談してください。いつもの口論になります。高齢者の衝動買いは家庭崩壊の一歩手前です。次のようなことに気を付けてください。

(1)　商品の説明にすぐ納得しない

販売者はお客がどう説明をすれば購入するかよく研究しています。高齢者がすぐ納得するようにうまい説明を考えています。価格も高額でないように設定しますので購入する時に使い方、効能、返品する場合の期間と方法などよく聞いてから購入を判断しましょう。

(2)　人をすぐ信じない

訪問販売などで健康食品、布団、ベット、化粧品、貴金属、家電製品などを見せられると、高齢者は人を信じやすいのであまり質問などせずその場で購入しがちです。このように高齢者が不用不急のものを購入するのには、自分は良い商品なので買った、あの人は嘘をついていないなど相手をすぐ信じてしまう傾向があります。

(3) 置き場所、家計、効果などを考える

衝動買いを防ぐためには

① 置き場所はあるか
② 家計のやりくりは大丈夫か
③ 継続して使うのか
④ 説明書の効果があるか

などよく夫婦で話し合い購入を決めることです。なお、訪問販売、電話勧誘などで悪質な被害にあうケースが増えています。振り込め詐欺のように高額でないが、これからの老後資金ですのでよく考えてから購入するようにしてください。

26　買物難民（買物弱者）を支援しよう

(1)　買物難民は約七百万人

「納豆、豆腐を食べたい」高齢者で自分の食べたいものを手に入れることが困難な人がたくさんいます。六〇歳以上の高齢者四千百九十八万人のうち、十七％の約七百万人が買物難民（買物弱者）になっています（二〇一四年十月現在）。

これは日本の超高齢化、少子化の影響があります。地方では過疎化が進み商店街がシャター通りとなり、生活必需品の購入が困難となったのです。最近では都市部にも見られます。この過疎化現象は買物ばかりでなく、医療（病院）、福祉（介護）でも大きな社会問題になっています。

(2)　買物難民の支援

①　家まで商品を届ける

足腰が弱くなり遠くまで買物に行けない人のために自宅まで食料品、日用雑貨などを宅配してくれるサービスです。全国各地域で配達料無料の様々な形態で実施されています。

②　自宅近くまで移動販売をしてくれる

軽トラックに食料品などを積み各地域を移動販売するサービスです。民間業者以外に地方自治体が支援している地域もあり過疎地域の人々に喜ばれています。

③　高齢者を商店街に移送する

買物に行けない人を直接商店街まで移送してくれるサービスです。民間企業や自治体がバスで送迎している地域もあります。

④　商店を作る

地域住民が出資金を出し合って商店を作ります。閉店したお店に店長を置いてサービスをします。地域住民の賛同とボランティアの店長が必要ですが全国に何か所もできています。

高齢者は高価な食べ物を求めていません。昔から食べていたものが欲しいのです。国、自治体、民間業者が力を合わせて支援しようとしています。買物難民の皆様あきらめないでください。

27　いざという時いくらかかるか

老後生活でいざという時に必要なお金はいくらかかるのか、多くの高齢者が直面する病気入院、介護、葬儀とお墓について考えてみましょう。

(1) 病気入院

日本人の死因第一位はがんです。二人に一人ががんで死にます。がんになるといくらかかるのか、一般的ながん治療費は百万円、入院費用は一日一万六千円、早期発見で健康保険が適用されると自己負担は五十万円です（国立がん研究センター）。再発や転移があれば数年にわたって抗がん剤などの治療を続けることになります。自己負担は個人の症状、入院期間、治療方法によりますが数百万円が必要です。

(2) 介　護

要介護者は四百五十八万人です（二〇一二年）。介護保険のサービスを受けるときは、その人の介護度合（七区分）に応じたサービスを利用できます。七区分ごとに自己負担額が決められており、食費、日常雑費などは自己負担です。自己負担は所得により一割と二割に区分されています。

在宅介護を受ける場合でも訪問介護を月何回か、宅配の食事を月何食かなどサービスごとに支払額が異なります。介護施設入所でも個室か多床室かなどでも異なりますが、施設入所の自己負担は月額二十万円以上かかります。

(3) 葬儀とお墓

葬儀費用には葬儀社やお寺への支払い、参列者への飲食、香典返しなどがあります。葬儀の規模などにより異なりますが、全国平均は二百二十万円です。

お墓は墓石料、永代供養料、管理費がかかります。地域により異なりますが、東京二十三区の場合の平均は二百三十万円以上必要です。

残された家族がいざという時にお金が無いということは恥ずかしいことです。家族にお金で心配を掛けないように十分な貯金をしておいてください。

第四章　家族、友人との絆を大切に

28　夫婦円満は思いやりと話し合いから

(1)　定年後は夫婦で家事分担を

夫が外で働いていた時は、妻はひとりで家事全般を合理的にやり自分の楽しむ時間もありました。しかし、夫の定年後の生活は一変します。夫は一日中家に居ることが多くなり食事も三食一緒です。定年後はあれもやろうこれもしたいといくつか老後プランを立てている夫は心配ありません。反対に今日から俺は楽隠居だという夫は問題があります。長年家族のために働いてきたのでゆっくり休んでくださいという妻のいたわりの気持ちは大切です。しかし、年齢は六十五歳で男の平均寿命の八十歳には十五年もあります。夫は妻の一日の仕事ぶりをほとんど知らないでしょう。そんな時夫の一言が大事です。暇なので何か手伝うことはないか、と妻に問うと妻は喜んでゴミ出し、庭掃除、風呂掃除、買物など夫ができそうな家事を頼むでしょう。頼まれたらやってみましょう。朝から新聞をじっくり読みテレビばかり見て以前と同じ酒付き夕食では夫の体調はいずれ悪化し病が待っています。

(2) 夫婦円満は思いやりと話し合いから

夫は妻の長年の家事と子育てに感謝し妻は夫の勤労に感謝する。お互いに思いやりの心を持ってこれからの老後を過ごすことが肝要です。また、お互いの気持ちを率直に話し合い相手の言うことを理解し合うことも大切です。相手の意見が自分と異なるのはなぜか、相手の立場に立って冷静に考える。ゆっくり夫婦で過ごす時間が多くなり今まで気が付かない考え方や行動も理解し合うことができます。それが夫婦円満の近道です。

29　嫁姑は仲良くできる

(1)　二世帯同居は苦労が多い

「嫁は優しくてとても気が付く」「嫁は夫とべたべたで掃除も料理もダメ」夫の親と同居している家庭では嫁姑の仲がうまくいく場合とうまくいかない場合があります。

結婚はふたりの合意で決められます。本人たちが結婚を決めるには性格、生活力、将来の生活設計などをよく話し合って決めたことでしょう。その時親との同居も決めて結婚したのでしょう。結婚して夫の親と同居することになれば、お嫁さんはいろいろと苦労することが多いと思います。二世帯が一緒に住むことは親にとっては老後の世話をしてもらうことができる。いずれ孫の誕生もあり賑やかに楽しく暮らせると願う人が多いでしょう。しかし、お嫁さんにとっては苦痛の種がいくつかあります。それは年齢の差からくる日常生活の考え方の相違です。また、家庭環境による礼儀作法、食事、習慣など相当かけ離れているからです。料理ひとつとっても家庭の味が異なります。子育てについても姑の子育てと今の子育ては相当違います。

(2) 嫁姑は長所を見つける

親との同居を選んだ以上、嫁と姑がお互いに仲良くすれば幸せな時間をたくさん享受できます。親の方も子どもと同居していることに感謝して自分たちの考えが今の社会常識に合わないことがあることを自覚することです。自分たちはこのようにして子どもを育ててきたと主張しても若い夫婦の考え方からすればそれは時代が変わったのですと言われても仕方がないでしょう。言い争いにならないようにお互いによく話をしてください。子育てには昔からの良いやり方もありますので一方的に主張したりして、相手の話を聞かないなどは良くないです。

嫁も姑もお互いの長所をたくさん見つけて信頼して暮らしましょう。信頼から新しい親子の関係が生まれてきます。今まで他人であった人たちが結婚を機にすばらしい家庭を築けることは人間の叡智です。

30　老老介護で共倒れの危険を回避する

(1)　在宅介護は肉体的精神的に辛い

高齢者の四人に一人が要介護者になっています。介護施設に入居できる人は介護度合いにより限られた人のみです。高齢者の在宅介護は肉体的精神的にも大変な苦労があります。足腰が不自由なため寝たきりになり食事の世話、トイレの介助やおむつ交換、下着シーツの取り換えなど一日中世話をすることは経験した人でないとその苦労はわかりません。大便でおむつの外まで汚す、おしっこをベットの上でもらしてしまう、夜中に家の中をあちこち徘徊してなかなか寝ない。介護者本人は悪意の行動でないのは理解しても怒りの気持ちが生じます。私たち夫婦も母（八十歳）の日常生活に異変を感じ、医師の診断で認知症と分かりました。自宅介護とデイサービスを利用してきましたが、止むなく妻は五十六歳で教員を辞め介護に専念しました。要介護になってからは介護施設のお世話になりました。母は九十四歳で永眠しました。

(2) 共倒れしないために

親の介護のため仕事を辞める人が一年に約十万人います。八割が女性で二割が男性です。高齢の夫が倒れると高齢の妻が介護する。施設に入所できないため家族も肉体的、精神的過労で倒れる。老老介護時代になりました。

家族だけでの介護にはいずれ限界がきます。それらを解決する方法はいくつかあります。

① 各地域にある地域包括支援センターに相談する。自治体にはいろいろな介護のプロがおります。家庭の事情を考慮して適切に対応してくれます。まず相談することで解決の何かが見つかります。

② 家族でよく相談し若い人の助けを求める。高齢者のみでは共倒れします。

③ 地域全体で高齢者を支えていくふれあいの場を積極的に利用する。地域で高齢者を支えるいろいろな方策が実施されてきましたので気軽に利用しましょう。誰もがいずれ介護を受ける側になります。介護をする人の気持ちを十分思いやる心と優しい心使いを持つことが大切です。

31　家庭内暴力は直ちに止める

(1)　DV防止法が成立

これまで家庭内暴力は法律的には民事不介入で見過ごされてきました。二〇〇一年十月「配偶者からの暴力の防止及び被害者の保護等に関する法律」（いわゆるDV防止法）が施行されました。この法律は夫やパートナーからの暴力を防止し、被害者の保護、支援を目的にしています。親の世代は男尊女卑の社会風習があり、女性は男性より軽視されてきました。しかし、戦後男女平等になりました。

(2)　家庭内暴力をする人はどういう人柄か

家庭内暴力（身体的暴力と精神的暴力）をする人の特徴を考えてみます。

①　二重人格の人

第三者からは「いい夫」と呼ばれているが、家では妻に対して横暴ですべてを命令する。自分の言うことをすぐに実行しないと暴力行為をする。世間体をいつも気にしている。

② ワンマンな人

ワンマンなので仕事を辞めた今でも外出するときは服、靴、カバンなどを自分で準備せず妻に用意させる。少しでも気に入らないと暴力。

③ 自己中心的な人

自分が決めたことをその通りやらせる。十九時風呂に入る、十九時三十分夕食、料理は好みを決めているのでその通り作らせる。料理がまずいと暴言。今日一日良ければよいと考える。家計が赤字になれば暴言暴力で妻を怒り散らす。将来設計がなく場当たり的な人。

男性は女性より平均寿命が六年ほど短命です。いずれ夫は妻に老老介護で世話になる確率が高いのです。そのとき妻が親切に介護をしてくれるかどうか、身体の不自由な夫をどのように扱ってくれるのか、日頃から配偶者に対して暴力的な言動や行為をしている人は直ちに止めましょう。いずれ妻に助けてもらうことを考えても明白です。

32　欠点のない人はいない

(1)　お互いを理解する

夫が妻に「あれを取ってくれ」と頼むと、妻はさっと眼鏡を持ってくる。夫は「ありがとう」の感謝の言葉を言う。ほほえましい情景です。夫婦生活が長くなるとお互いの行動や性格を十分熟知してきます。しかし、夫がプライドの高いままの人もいます。夕食には現役の時と同じく酒付きを用意させ仕事の自慢話しや苦労話しをいつも言う。妻は今まで何十回と聞かされてきました。そんなとき良妻は「そうでしたね、ご苦労様でした」と一言感謝の言葉を言うと終わりになります。しかし、「何度同じ話を聞かせるの」とガミガミ夫に口答えすると、おそらく口論となり夫婦の仲はうまくいかなくなります。

また、女性は買物が大好きです。でも夫はこれに対し口やかましく無駄使いと決めつけない度量を持つこと。「良いものを買ってきたね」と褒めることを忘れないことです。食べ歩きや買物は女性の楽しみの一つです。

(2) 相手の欠点は片目をつぶる

誰もが高齢になると、耳が遠くなり物忘れが多くなり体力が弱ってきます。掃除など家事労働は今までのようにいかず手抜きが多くなります。料理も同様になります。そんな時夫は叱ることをせず大目に見ることが大切です。

これからの老後生活はお互いの衰えがたくさん見えてきます。夫はますます頑固になり妻は何事もノロノロペースになる。そんなときこそ「片目をつぶる」ことです。そうすればお互いが相手を理解し助け合っていきましょうと、心で誓うことができます。

欠点のない人間はこの世にいないことを改めて考えてみませんか。

33　夫婦の仲でも守るべきルールがある

熟年離婚は増加中です。また、認知症も六十五歳以上で四人に一人で高齢者の夫婦にとって危機感が漂っています。余生を穏やかに幸せに暮らすため、夫婦間でも守るべき一定のルールが必要です。実行したい理想のルールをいくつか掲げました。お互いに話し合って老後を楽しく仲良くお暮しください。

(1)　浮気、不倫をしない
(2)　力による暴力をしない
(3)　相手を傷つける言葉の暴力を使わない（精神的な苦痛を与えない）
(4)　ギャンブルなどの浪費で家庭崩壊をさせない
(5)　アルコールで体をこわさない
(6)　タバコは吸わないまたは徐々に節煙をしていく
(7)　自主性を尊重し相手の行動を細かく干渉しない
(8)　お互いの両親を尊敬し悪口を言わない
(9)　家計費は多めに渡し使い方に口出ししない

(10) 大口の買物はよく相談して決める
(11) お互いの体調をいつも気にかけて早期発見、早期治療に努める
(12) 食事は楽しく一緒に食べる
(13) 外出するときは行き先、帰宅時間を知らせる
(14) 自立できるように心がけ自分のことは自分でする習慣を身につける
(15) お互いに家事を分担し助け合いの心で暮らす
(16) 男女の性欲は基本的に違うのでお互いに性欲を満たす努力をする
(17) 自分の考えを押し通すのでなく相手の考えもよく聞く度量を持つ
(18) プライドは誰もが持っているのでお互いに尊重して暮らす
(19) 夫婦が一緒に外出する機会をたくさん考えて実行する
(20) ありがとうと感謝の言葉をいつも心掛ける

34　一人暮らしでも楽しい老後を

配偶者との死別、熟年離婚、未婚者など六十五歳以上の一人暮らしは女性五人に一人、男性十人に一人です。老後を一人暮らしで楽しく過ごすためにはどうすればよいか、一人暮らしのメリット、孤独感を癒す方法、いざという時の死を迎える準備などについて考えてみましょう。

(1)　好きな時に好きな場所にいつでも行ける行動の自由があること

(2)　口論や喧嘩をする相手がいないのでストレスが少ないが、ふと寂しさを感じて気持ちが不安定になることがある

(3)　お金は自分一人で自由に使えるが、いざという時のために無駄な支出ができないことを考えておく必要があること

(4)　一人でやれる運動を日課にするなど体力維持に努めること

(5)　体調を心配する人がいないので、食事の摂り方が自分の好きな食べ物に偏らないように栄養バランスに十分気を付けること

(6)　シニアクラブなどに積極的に参加して信頼できる友人を近くに持つこと

(7) 病気、入院、介護などで困るときにすぐ連絡が取れるように地域の民生委員、自治会役員などと連絡を密にしておくこと

(8) 兄弟、姉妹、子ども孫たちとは連絡を取りあって近況を知らせておくこと

(9) 死期が近くなってもあわてないように延命治療、葬儀、お墓、財産分与、遺品整理などを遺言書、エンディングノートに書きいざという時に備えること

(10) 過去をいつまでも悔やまず前向きに生きる工夫をする

一人暮らしは自由気ままに暮らせる利点はありますが、やはり寂しさもありひとりで生きていくしっかりとした覚悟が大切です。また、自己責任で全てをやる必要があり、家族、友人、地域の民生委員や自治会との交流が大切になります。

どうぞ幸せな老後生活をおくる工夫を考えてください。

35　成長の節目にはお祝いをしよう

子どもが健やかで元気に育って欲しいと願うことはどの親も同じ気持ちです。また、子どもが結婚し孫が生まれると、祖父母は孫が健やかに成長して欲しいと願うことも親と同じ気持です。お祝いは各家庭の経済状況を考えてこれが最善と思う方法でよいのです。温かな心がこもっていればよいのです。祖父母が孫の成長に伴ってお祝いができる項目をあげましたので、参考にしてください。

(1) 出産祝
(2) お宮参り
(3) 初節句祝
(4) 初誕生祝
(5) 七五三祝
(6) 入学祝（小学一年生の入学祝）と進級祝、卒業祝
(7) 入学祝（中学一年生の入学祝）と進級祝、卒業祝
(8) 入学祝（高等学校一年生の入学祝）と進級祝、卒業祝

(9) 入学祝（大学一年生の入学祝）と進級祝、卒業祝
(10) 成人式祝
(11) 就職祝
(12) 結婚祝
(13) 栄転祝
(14) 新築祝（マイホーム完成祝）
(15) 毎年の誕生日祝、お年玉、子どもの日など

祖父母が孫のお祝いができることはとても嬉しい慶事です。そのためには、自分自身が長命であり経済的に恵まれていることです。子どもも孫も心から感謝していることでしょう。いつまでもお祝いができるように健康長寿をめざしてください。

36　家族の悩みはストレスを増す

(1)　子どもの将来が心配

「息子がフリーターで独身、いつ結婚するか心配」「就職するが長続きせず何回も転職、今は無職で親と同居し親の年金をあてにしている」

どの家庭でも子育てに大変な苦労をしてきました。自分が高齢者の仲間入りをしてから自分の老後の心配をすることよりも子どものこと、孫のことを心配する人が多いです。でもそろそろ子離れ、孫離れをしても良いと思います。

(2)　子離れ孫離れするために

家族のことで悩まないようにするためにはどんな考えを持つのが良いか考えてみましたので参考にしてください。

①　自分の人生は自分で切り開けと教える

人の一生は山あり谷ありの長い道のりであること。どんな道に進むか自分でよく考えて進路を決め自分で道を切り開けと自覚させる。

② 苦難に遭遇しても見守ること

親からみたら結婚できない、定職につけないなどおちこぼれ組に思いますが、本人の生き方であるので割り切って見守るようにする。

③ 世間体を気にして小言を言わない

世間体があるからと強くせめたり小言を言うことは真の愛情でないので控える。

④ 親に相談したいと言ってきたら親身に応援する

結婚資金、マイホーム資金などで相談にきたらその時こそ親らしい応援をする。

⑤ 孫のことは親に任せ口出しをしない

自分たちの子育て方法と今の子育てでは大きな相違があるので口出しをしない。

⑥ 子離れ孫離れをするが、愛情はいつまでも持ち続けること

子どもや孫に愛情を持ち続ければ人を信頼する人として成長し、人のために働くことがいかに大切か身を持って実感することでしょう。

37　孝行したいときに親はなし

(1)　親の悲惨な時代を知る

多くの高齢者は親から受けた数々の恩愛を親の存命中に気づかないまま過ごし理解しないできました。親世代はどういう時代であったのか、一言でいえば悲惨な厳しい時代を生きてきたのです。大正、昭和の激動期を振り返ってみましょう。

① 関東大震災（一九二三年、大正十二年）
関東地方に大地震が発生し死者十万五千人、家屋全壊二十九万戸

② 金融恐慌（一九二七年、昭和二年以降）
多くの銀行や企業が倒産し米の不作と農村の貧困で各地に小作、労働争議が多発

③ 満州事変から日中戦争へ（一九三一年、昭和六年以降）
日本軍が満州に侵略し満州国を建国、泥沼の日中戦争となり中国とはそのまま第二次世界大戦に突入

④ 第二次世界大戦（一九四一年、昭和十六年以降）
アメリカ、イギリスに日本が宣戦布告、初戦は有利な戦いをしていたが、連合国の

圧倒的な軍備力で一九四五年八月十五日ポツダム宣言を受諾し無条件降伏。軍人約二百二十万人、民間人約百五十万人死亡。世界五十一か国が参戦した人類史上最も悲惨な世界大戦となった。

⑤ 戦後の激動期（一九四五年、昭和二十年八月以降）
日本各地は一面焼け焦がれ凄惨な焦土となり親、兄弟、家屋、財産を失った大勢の人が食料もないどん底の耐乏生活となる。

⑥ 高度経済成長期（一九五五年、昭和三十年以降）
国民総力で日本再興と家族のため日夜働きその結果ＧＤＰ（国民総生産）が世界第二位に躍進する。

(2) ときどき親に報告し感謝を

人の親になり知る親の恩といいますが、「親の恩は子で送る」の諺のとおり、これからは自分の子どもを立派に育てていくことで親に恩を返しましょう。そして、時々自分の今日を報告し親に感謝をしましょう。

38 老後はなるべく夫婦ふたりで行動を

七十歳を超える頃には夫婦ふたりの生活でどちらかが足腰などに不自由を感じてきます。持病を持ち養生に努めている人が多くなります。老後の日常はあまり予定がなく気ままに夫婦別々に過ごすことが多くなります。しかし、それではあまりに味気ない生活ではないでしょうか。シニアクラブなどに参加する時は別ですが、なるべく夫婦ふたりで行動をしませんか。身体が不自由な夫婦ならなおのことです。いくつか事例をあげましたので参考にしてください。

(1) 食事、買物、料理

季節の旬を考えて献立をたてることも夫婦で話し合う。買物は毎日でも三日分纏め買いでもよいです。女性は買い物が大好きです。スーパーで男性がカートをひいている姿をみると仲良し夫婦と感じます。料理を妻に任せず妻から教わった料理を一品作ることで特別な食事会となります。

(2) 掃除、洗濯、草むしり

掃除、洗濯は電化製品のおかげで簡単にできるようになりました。でも掃除はトイレ、台所、食堂、浴室などたくさんありますし、庭の草むしりも時々やる必要があり分担して家事労働を軽減しましょう。

(3) 散歩

公園を老夫婦がゆっくり散歩している姿はほほえましい光景です。夫婦が寄り添ってのんびり歩く姿は夫婦円満で幸せを感じます。

(4) 外食

一緒に外出して食事をするのも楽しみなことです。美味しい料理は心を豊かに和やかにしてくれます。

(5) 旅行

どこに行くか計画を立てるのも心がワクワクします。ふたりの体調を考えて無理のないゆっくり旅を楽しみ、旧婚旅行で心も体もリフレッシュしましょう。お互いに相手の体をいたわり助け合って暮らしましょう。

39　家族愛で楽しい人生を

一九五七年松竹で製作された映画「喜びも悲しみも幾年月」は大ヒットしました。（木下恵介監督、主演佐田啓二、高峰秀子）たった一度の見合いで結婚した灯台守夫婦が、戦中戦後日本各地の灯台に勤務し、長男長女を育て夫婦愛で激動の時代を一生懸命に生きてきた人間愛のドラマです。

今日家族とはなにかを考えるとき、少子高齢化、晩婚、未婚、シングルマザー、親の介護、核家族化など多様な生き方の中で家族とどのように向き合うべきか、高齢者が老後をどう過ごしたらよいか、いくつか事例をあげましたので考えてみましょう。

(1)　子ども孫の成長を楽しみに近況を知る

ときどき電話やメールで自分自身のことを知らせたり、子ども孫の近況を聞き成長を楽しむ。孫には節目ごとにお祝いをする。きっといつまでも祖父母の愛情を忘れないでしょう。

(2) 受験、就職、結婚などで失敗したら人生の先輩として人生は長いと励ます

男性八十年、女性九十年時代です。一度の失敗でもまだやり直しができることを話し七転八起の精神で励ましましょう。

(3) 夫婦のどちらかが病気になったら親身な介護を

適切な医療機関で治療入院をするとともに家族と親身な介護をする。夫婦の助け合いが病気の回復に大きな勇気となります。夫婦は細い糸ですがしっかり結ばれています。

(4) 相続で争いのないようにする

自分たちの死後子どもが相続で争うことは悲しいことです。法律で決められた通り配分をしないときに争いが起きます。配分に差をつけるときは理由を話して遺言書を作成しておきましょう。

家族は喜びも悲しみも苦しみも共に体験して成長してきました。その原動力は強い絆です。家族愛に恵まれている人は心も豊かで楽しい人生を過ごせる人です。

40　男性も趣味をみつけて仲間と楽しむ

(1)　定年後の自由時間を考える

男性が定年を迎えると、やっと俺は誰からも命令されず自由気ままに生きていけると考える人が大多数でしょう。昔風に言うと隠居生活です。しかし、三週間自由に過ごしてみるとこれから一日をどう過ごそうかと悩むことがあります。妻と終日顔を突き合わせるのもいやだ（妻も同じ考えです）。そんな時、昔やったギターをもう一度やってみよう、新しいことをみつけてチャレンジしてみよう、と考える人はこれからの余生を楽しめる人たちです。

私が利用している川越市内の北及び中央公民館はカラオケ、ヨガ、太極拳、ギター、ダンス、コーラス、俳句、川柳、将棋、卓球、絵画、料理、書道など四十ほどのクラブがあります。公共施設なので賃料は低価で講師謝礼も会員みんなで分担するので割安です。女性は子育てが一段落すると家事をうまくやりくりして利用しているのでどのクラブも女性が多いです。

毎月小遣いの範囲内で余生を楽しみ、健康的に仲間と語らう場として、地域の公民館、カルチャーセンター、スポーツセンターなどを利用して楽しみましょう。

(2) 趣味の会でも協力して楽しむ

男性がシニアクラブに入会する時は、元の働いていた会社や会社の地位を忘れることが大切で昔の肩書など関係がないのです。どのクラブも全員で協力して会を運営しなければなりません。会計、講師の世話などを分担します。自分はできませんと拒否せず指名されたらやってみましょう。

私は二十年前から北公民館の男の料理クラブで十数名の友人とワイワイ楽しんでいます。講師は管理栄養士の佐藤春香先生と先生の母（故人）に、料理作りのおもしろさや料理も味の芸術であることを教わりました。お蔭で六十八歳からは週四日、主夫業を妻と分担中です。このように友人とひとときを過ごすことで、会話も深まりお互いに絆が深まり余生が明るくなります。自分たちの余生をどのように過ごしたいかあなたの行動次第で決まります。

41　ふたりで小さな喜びと大きな感動を

(1)　いつまでも信頼し合う夫婦に

結婚して四十年、五十年と年齢を重ねるごとに夫婦生活が穏やかに和むようになる夫婦、反対にガミガミ言い合うことが多くなる夫婦など様々です。お互いに心身とも老化が進み新婚当初の初々しさ、新鮮味が少しずつ枯れてくるのです。しかし、根底には信頼関係が横たわっています。水がしたたり落ちるような深山に泰然と立っているめおと老松もあります。高齢になっても新鮮で仲の良いことは最高のカップルです。どうすればこうした老後を過ごせるか考えてみましょう。

(2)　小さな喜びを積み重ねよう

①　一緒に食事会などをしよう

週一回、月二回でもよいのですが、少しオシャレして出かけることは気分転換になります。食事会でもふたりが好きな俳優さんの観劇会でもよいのです。食事会なら和洋中どんなお店にするか、お店の雰囲気や料理できっと気分がさわやかに心は喜びで満たされるでしょう。気配りが小さな喜びを生みます。

②　一緒にハイキングや旅行などに行こう

高齢になればなるほどふたりでハイキングや旅行などは体力的に無理になります。できれば元気なうちに出かけることをお勧めします。名所旧跡めぐりなどは何回出かけてもそのたびごとに新しい発見と感動を得ることができます。その地域の歴史に触れて栄枯盛衰を感じることができます。国内観光地にバスツアー旅行もよいです。日帰り旅行バスツアーはそんなに事前に準備することもなく指定された場所に行けば旅行会社がすべてやってくれます。

外国旅行は早くから準備をしましょう。行く場所が決まればいくつかの旅行会社を訪ねて費用、サービス内容などを比較します。高齢者向けの旅行プランが用意してありますので検討する時間が必要です。帰ってきたら写真や旅先のパンフレットをみて楽しかった場所を語り合う。ふたりの小さな喜びと大きな感動が写真の中にたくさん凝縮しています。喜びと感動は皆さんの企画書で決まります。ふたりが元気なうちに是非たくさん実現してください。

42　離婚は卒婚をしてからでも遅くない

(1)　卒婚とは

夫から妻に「三下り半」があったのは昔のことです。今は妻から夫に「離縁状」です。理由はいろいろありますが夫の方に多いです。夫婦生活で最大の危機は離婚です。離婚をする前に「卒婚」をすることを提案します。卒婚は夫婦の戸籍はそのままでお互いに別居をしてお互いの生活に干渉せず暮らす方法です。

夫が亭主関白型の人ならば下着、ハンカチなどの衣類、預貯金、生命保険、税金、ゴミの分別方法、簡単な料理の作り方などひとりで生活できる生活メモを夫に渡す。夫は妻にアパートの家賃と生活費を渡しお互いに単身生活をします。

(2)　夫婦の役割を振り返る

お互いにひとりになって生活をしてみると、三十年、四十年の結婚生活を振り返る機会となります。お互いに夫の役割、妻の役割をふたりは人並みにやってきたのです。喧嘩も時々してお互いに不愉快な時がありました。子育てでお互いに対立したので先生に相談したこともありました。妻の方は夫が仕事人間で家事育児などは何もしてくれなかった気がしたが、私の居ないところで父親役をしていたのかもしれない。私は夫に尽くしてきたと思っているが夫が不満に思うことがあったのかもしれない。夫の方は家事労働のいくつかをやってみたがこんなに大変だとは知らなかった。妻とは一緒に外食や旅行などふたりで出かけることをほとんどしなかった。仕事仕事で家庭は全部妻任せであったことは反省しなければならない。酒を飲んでは妻に暴言を吐いたことが離婚の一因かもしれない。これから老後をひとりで生活することは大変だ。妻のこれまでの労苦に感謝し自分の勝手気ままな行動を謝ろう。とお互いに考え心を入れ替える期間ができます。

卒婚からふたりは冷静に反省しお互いの労に感謝をする。そして、これからの老後生活をどのように歩いていくか話し合いをします。ゆっくりでよいのです、離婚を急ぐことはありません。卒婚でお互いのこれまでを振り返り、相手の良いところを考えてみる機会になることを期待しています。

43　熟年離婚は生活設計を考えてから

(1)　熟年離婚は増えている

夫が定年退職から一週間経ったとき、妻から突然離婚したいと話があり驚きより怒りを覚えます。定年まで一生懸命働き家族を守り子どもを自立させマイホームも建てて、これから悠遊自適の生活をしようとしていたのです。

近年、熟年離婚が増えています。離婚理由は暴力、浮気、アル中、ギャンブル、性格の不一致などです。結婚したときはお互いに惚れた仲でした。好きで一緒になって三十年、四十年経ってみてこれからさらに二十年一緒に過ごすのは我慢ができない限界であると決意したのです。

(2)　離婚は生活設計を考えてから

妻はいざ離婚をすると生活をどうするかを考えなければなりません。夫の退職金の半分をもらいアパートを借りて生活をすることも簡単ではありません。慰謝料、財産分与、年金について考えてみましょう。

① 慰謝料は離婚原因が夫側にある場合は精神的苦痛の度合い、結婚期間、支払い能力などで決まります。

② 財産分与は夫婦が結婚生活期間中に築いた預金、不動産などを分与します。退職金は結婚期間で分与されます。

③ 厚生年金は結婚期間中に納付した年金の最大二分の一までです。夫の年金の半分でないので注意してください。

離婚した後にこの離婚は失敗だったと気が付いても遅いのです。慰謝料、財産分与、年金の額が考えていたより少ない。これから働くことを考えないと生活できないという現実に直面します。離婚を考えるときこれからまた夫と生活をするのはいやだと一時の感情で決断しないことです。人の一生は波静かな日々ばかりではありません。ふたりで今まで築いてきた家庭を壊して一からやり直すことは並大抵のことではありません。これからふたりとも年を重ね体力も少しずつ衰えていきます。老後の生活がどのように過ごせればよい人生なのか、少し時間をかけて考える必要があります。あせらずふたりで相談してからでも遅くないと思います。

第五章　人生を楽しみ前向きに生きる

44 「くじけないで」柴田トヨさんから学ぼう

(1) 百歳で二冊目の詩集を出版

柴田トヨさんは一九一一年（明治四十四年）六月栃木市に生まれ裕福な米穀商のひとり娘として幼児期を過ごす。十代の時家業が傾きやむなく料理屋に奉公にでる。三十三歳で結婚し翌年長男が生まれる。九十歳を過ぎてから詩作を始め九十八歳のとき初詩集「くじけないで」を出版し百六十万部のベストセラーとなる。二〇一一年九月百歳を迎えて、二冊目の詩集「百歳」を出版し二〇一三年一月百一歳で死去。

(2) 辛いことがあっても生きていて良かった

柴田トヨさんは百歳のとき、今でも子どもの頃にいじめられたことや死にたいと何度も思ったことなど、苦しい悲しい体験を思い出すと語っています。作品には人に優しく思いやりのある心情がみられます。毎週土曜日に息子と辞書を引き批評したり朗読し合うときが一番楽しいとのことです。辛いこと悲しいこと情けないことなどいろいろなことがあったからこそ幸せが実感でき六十代、七十代なんて人生まだまだです。自分は若いと思って一生懸命生きれば幸せが待っていてくれます。朝は必ずやってくるのです。と話されています。

「くじけないで」（柴田トヨ　飛鳥出版）

ねえ不幸だなんて溜息をつかないで
陽射しやそよ風はえこひいきしない
夢は平等にみられるのよ
私辛いことがあったけれど
生きていてよかった
あなたもくじけないで

柴田トヨさんのように常に前向きの気持ちを持って生きていきましょう。

45　男性も自立できる準備を

(1)　男性の単独世帯は増えている

男子厨房に入らず。と男の権威を声高らかに叫ぶ時代は過去のことです。六十五歳以上の高齢世帯で男性のみの単独世帯は百五十万人、女性のみの単独世帯は三百四十万人です(二〇一五年厚生労働省)。男性三割、女性七割の比率です。

(2)　自立するには慣れることから始める

女性が主に担当している家事労働を列挙しました。男性もいつかひとりになることがありますので自立できる準備をしておきましょう。

①　買　物

食料品、衣類、日用品など家庭で使う買物をするときは妻と一緒に行く。荷物係をすれば妻が助かります。

②　料　理

三度の食事作りは男性にとってハードルが高いです。ほとんど経験をしたことがない人は初めから教わりましょう。どんな料理を作るか、食材を切る、煮る、焼くにはどうすればよいか、調理時間はどの位かかるか、味付けはどうするかなど少しずつ簡単な料理から教わりましょう。

③　掃除、洗濯

食堂、トイレ、台所、居間、寝室など掃除をする場所はいくつもあります。洗濯物も干し方にコツがありますので、干し方のポイントを教えてもらいましょう。

④　ゴミ出し

生ゴミ、プラゴミ、ビン・カン・ペットボトル、不燃物など分別して指定日ごとに出すルールがあります。簡単なようでやっかいな分別です。

⑤　自治会、お寺、親戚などの付き合い

自治会、お寺、親戚などは大変重要な付き合いです。妻に一任していたのでどんなときにどうやるかよく聞いておくことで地域の方々とも仲良くなります。

46　神仏に祈願すると心が落ちつく

(1)　無宗教でも祈願する

私たち夫婦の元旦は毎年同じことをしています。おせち料理で新年を祝いその後、市内五箇所のお寺、神社へ初詣に行きます。「今年も私たちと子どもたちの家族が元気に暮らせますように」と祈願します。私たちは無宗教ですが、お墓は共同墓地でお寺は毎年護寺会費を支払っているので檀徒扱いになっています。

日本の宗教団体の信者総数は一億九千七百十万人です（二〇一二年文化庁）。この数字は日本人の総人口を上回っていますが、神社の氏子と寺院の檀徒数が重複しているからです。また、宗教団体も神道系、仏教系、キリスト教系、諸教の総数は二十二万宗教法人もあります。日本では多種多様な宗教団体が活動しています。

(2)　神仏に祈願すると心が落ちつく

私たちはときどき家族の健康祈願のため散歩を兼ねて寺院に祈願します。祈願するといつも心が落ちつき穏やかな気持ちになります。私たちがお詣りする市内五箇所のお寺、神社は川越市の観光スポットになっていていつも観光客で賑わっています。観光客が私たちと同じように祈願している姿をみると、心が落ちつきます。

旅先でお寺や神社に気楽に祈願するのは日本人の習性でしょうか、古代から人々が何かにお願いをする儀式がありますのでこれは人間の本性でしょう。特定の宗教を信じる人と異なる心情を持っているのは確かです。

高齢になると身体のあちこちが痛くなってきます。自分だけがなぜなるのか、自分だけがなぜ不幸な出来事にばかり遭遇するのか、こんな時にお願いをしようと思う気持ちは皆同じです。私たちは生きていることでたくさんの悩み、苦しみ、痛み、悲しみなどに遭遇します。そんな時こそ心の平安を求めて神仏に祈願することは自然な行為ではないでしょうか。

47　世の中の動きに関心を持つ

(1)　情報は瞬時に世界中に発信されている

私たちは毎日テレビ、ラジオ、新聞、スマホ、パソコンなどから日本のこと世界のことを瞬時に知ることができる情報社会で生活しています。政治、経済、社会、スポーツ、芸能、科学、文化などあらゆる情報が日々発信されています。特に、政治に関する情報は世論を賛成反対に二分する主張があります。どちらの主張が正しいか判断しにくいことがあります。新聞一紙のみを読んで判断するのは軽率すぎます。また、テレビで何人かの識者が賛成反対の意見を述べている時は、両論をよく聞き自分なりに判断してみることが必要です。

(2)　世の中の動きに関心を持てば若くなる

世の中の動きに関心を持つことは高齢者にとっていくつか利点がありますので考えてみましょう。

①　認知症予防や老化防止に役立つ

世の中の動きを知ることで脳が活性化され認知症予防に効果があり老化防止に役に立つ。

②　判断力がつき物事を客観的に考えることができる

ある重要な政治判断をするテーマがあった時などテレビや新聞で賛否を知ることで客観的に自分の考えを判断できるようになる。

③　未知への探求心を持つようになる

新しい情報からもっと広く深く知ろうとすることでその人の一生を調べたり、その人の土地を訪ねたりして歴史を知ることで未知への探求心が生じてくる。

④　仲間、家族と対話が多くなる

世の中の情報を知ることで仲間、家族と共通の話題を持つことにより関係が深まり孤独にならず楽しい会話ができる。また、自分はまだ若い人と一緒に考えることができるので若いという自信を自然と持つことができる。

48　ライフワークをみつける

(1)　ライフワークはいくつもある

六十五歳以上はゴールデンエイジ（第二の青春時代）です。日経新聞社が実施した「今後取り組みたい趣味、ライフワーク」の意識調査によると

一位　ボランティア
二位　短歌俳句、小説など文芸創作
三位　ガーデニング、家庭菜園
四位　郷土史、歴史研究、自分史執筆
五位　水泳、ダンスなどの運動
以下、旅行、パソコン、陶芸手芸、ピアノなど楽器、合唱、絵画、カメラ、囲碁などです。

(2)　ライフワークの見つけ方

ライフワークを見つけるにはいろいろな条件を考える必要があります。いくつか考えてみましょう。

①　老後の人生を充実した日々とすること、そのためには自分が夢中になれるものはなにかを探す。
②　仕事以外の友人を作ることが老後の人生では大切になるのでどのようにして探すか、シニアクラブなどを気楽に訪ねてみるのもよい。
③　費用は年金のみでやれる範囲とし、あまり高額でないことがよい。
④　これからは妻と一緒に旅行、外食などをしたいので活動する時間は一週間に三日か四日くらいでよい。
⑤　身体があちこち弱ってきているので、あまり激しい運動などは避けた方がよい。（当然元気な方は激しい運動に挑戦してください）

自分の年齢、配偶者と自分の体調、親の介護、孫の世話（子どもが共働きならば）など家庭環境などを考慮する必要もあります。ライフワークの見つけ方はあわてず、時間をかけて考えましょう。

第二の青春時代を楽しい日々で暮らせるように願っています。

49　孤独にならない生き方を

高齢者のひとり暮らしは夫婦ふたりの暮らしより寂しさを感じ孤独になりやすいです。人と話しをする機会が少ないからです。ひとり暮らしでも夫婦ふたり暮らしでも老後を孤独にならず楽しく暮らすために大切なことを考えてみましょう。

(1)　約束を守ること

約束を守らなかったために仕事で大きな失敗をしたり、友人を失ったりした苦い体験をしたことは誰もが経験したことでしょう。お互いに約束を守ることで信頼し合い末永いお付き合いができるようになります。夫婦間での約束も同じことです。最悪の場合は夫婦生活の危機となり離婚の原因になることもあります。

(2)　感謝の気持ちを表すこと

お世話になった時感謝の気持ちとしてありがとうとお礼をいうことは道理です。高齢になればひとりで生活をすることが困難になります。手を引いてもらう、食事を作ってもらう、買い物代行をしてもらうなどお世話をしていただくことが多くなります。そんな時は感謝の言葉を伝えることが大切です。感謝の言葉を言われるとお世話をする側も少しは役に立っていると思い心がなごみ、これからもがんばろうと思います。夫婦間でもひと言感謝の言葉を言うことが夫婦円満のコツです。たったひと言が人の心を暖かくします。

(3) 出来るだけ外出し人と会話をすること

ひとりで長く家のなかに居ることはよくないので外出をしましょう。趣味の会に出かける、友人と待ち合わせて美術館に行くなど出かける機会を多くしましょう。外出することは身だしなみをきちんとするので気持ちがしっかりします。また、人と会話をすることで心のもやもやが少なくなります。ストレスが解消できるかもしれません。

長い人生ひとりでは生きていけません。高齢になればたくさんの人にお世話になります。約束を守り感謝の気持ちを忘れないで毎日を過ごす、そして、なるべく人と会うように外出を多くし孤独にならない生活を送ることで長寿を楽しめます。

50　不平不満の少ない老後を

(1)　不平不満は誰にもある

俺はなんで七十歳になっても働かなければならないのか、五十五歳の時会社を首にした社長が憎い。あんな人と結婚したのが大失敗、短気で浮気者そして金使いが荒い人とは知らなかった。隣の奥さんは生ゴミを指定日の前夜に出すのでいつも犬や猫に荒らされて困っている。

生きていくためには、人とお付き合いをしていく必要があります。高齢者がいつも不平不満を言うようでは周囲から迷惑がられ親しい人も去っていきます。満たされない気持ちを不平不満としてぶつけることはいかがでしょうか。

(2)　不平不満を少なくする努力を

①　夫婦喧嘩は犬も食わぬ

過去に起きた浮気、ギャンブルでの借金地獄、高額な衝動買いなどをときどき蒸し返し互いに終日口を聞かないなど冷たい関係になることがあります。老後を平穏に暮らすためには昔のことを忘れる努力をしましょう。

② 国、自治体の政策は選挙で選ばれた人が決定し実行している

自分の年金、医療、介護など生活に密接に影響があると、今の政府、自治体のやり方が間違っていると批判し不満を言います。日本は民主国家で独裁国家でないので、国民が選んだ人たちでいろいろな政策を決定し実行しています。自分の意見と同じ人に投票をして自分の意見通りやっていただくためには次回の選挙で一票を入れる人を慎重に選ぶことが大切です。

③ 自分の側にも原因がある

会社を首になるにはそれ相応の理由があったのです。結婚もよく相手を調べたりせず結婚したことで落ち度があり冷静に反省をすることが必要です。

④ 隣近所とは穏やかに付き合う

ゴミ出しや町内会などには細かなルールがあります。人に迷惑を掛けないことは日常生活で守るべき最低の規範です。ゴミの問題や近所の騒音などはひとりで抗議に行かないで班長さんなど第三者と行き、穏やかに話し合いをして改めてもらうことです。

51　交通事故の加害者にも被害者にもならない

(1)　交通事故死の半数は高齢者

二〇一四年中の交通事故の発生件数は五十七万三千件、事故発生から三十日以内の死亡者四千八百人、負傷者七十一万千人です。このうち死亡者の五十三%を六十五歳以上の高齢者が占めています。交通事故件数、死者数も年々減少しているのに高齢者の死亡比率は高齢者人口の増加で減少していません。

高齢者が交通事故の被害者・加害者になると生活は一変し正常な生活に戻るのには長い時間が必要になります。

(2)　加害者にならない

自動車を運転していても一瞬の判断ミスで加害者になることがあります。高齢者になると運動機能の低下は避けられません。加害者になると経済的にも精神的にも大きな代償を支払うことになることがあります。

地方で暮らす人は日常生活のなかで買物、病院への通院など自動車がないと不便なこともあります。七十五歳になったら免許証更新の時に認知症検査がありますので、運転継続の判断材料にしてください。そのほかカーブをスムースに曲がれない、車庫入れに失敗した、車間距離が短くなった、センターラインを越えたなど運転ミスがあるときはそろそろ運転を辞める頃かもしれません。

(3) 被害者にならない

① 歩行者は右側を歩き信号を確認してから横断歩道を渡る。黄信号は絶対渡らない。信号のない横断歩道は右左二回確認してから渡る。

② 夜間の外出は明るい道を歩く。

③ 自転車は前方をよく見て自動車・歩行者に気をつけて運転しトラブルに巻き込まれないようにする。

④ バス旅行では必ずシートベルトをして身を守る。

交通事故で死亡する、重軽傷を負う、また加害者になることは絶対避けてください。安全安心な老後を過ごしてください。

52　配偶者を亡くしたときは早く元気に

三十年、四十年いつも一緒に助け合ってきた夫婦にもいつか永遠の別れがきます。葬儀、法要、納骨が終了した以降の配偶者の心構えを考えてみましょう。

(1)　仏前で会話をする

いつもふたりでとりとめのない会話をしていたことを思い出し仏前で元気に生活をしていることを報告しましょう。お墓が近くにあれば月命日には墓参し家族のことなどを報告し気持ちを新たにしましょう。

(2)　諸手続きをする

葬儀費用、病院関係の支払い、配偶者の老人保険証、自動車運転免許証、印鑑登録カード、マイナンバーなどの返却、世帯主の変更（故人が世帯主の場合）電話、電気、ガス、水道、テレビ、自動車などの名義変更、年金、生命保険などの請求手続き、国民健康保険に基づく葬祭料の請求などをしていきましょう。

(3) 相続手続き、遺品整理は少し落ち着いてからする

相続税の申告納付は十か月以内です。遺言書の確認をし、相続財産（土地建物、預貯金、株式、債券、貴金属、自動車など）の計算は専門的知識が必要です。税理士などの専門家に依頼しましょう。（相続については第三章23も参照）遺品整理は少し落ち着いてから、形見分けは家族が集まるときにするのがよいです。

(4) あの時こうすればよかったといつまでも悩み続けない

人には寿命があるので悲しみを乗り越えて生きていく努力をする。いつまでもあの時こうすればよかったと自分を責めないことです。

(5) 孤独にならないために家族、友人などと外出して気分転換を図る

家の中に閉じこもることは健康面でも問題がでてきます。体調管理の上からも外へでることが大切です。家族、友人などと食事、買物、ハイキングなどに誘われたら進んで出かけ気分転換をすることです。明るく生きていくことを故人は望んでいるはずです。

53　悩みを解決できる糸口はみつかる

高齢者に悩みのない人はおりません。七十歳、八十歳になっても悩みは次々と起きてきます。高齢者の悩みについて考えてみましょう。

(1)　お金が足りないので欲しいものが買えない

数年間一度も新しい洋服を買っていないので七十歳のお祝いに年相応の洋服が欲しい、自動車を十五年も運転しているので最新の軽自動車を購入したい。こんな時どうすればよいのでしょうか、まず、家計簿をつけ、家計費の無駄がないかどうか分析します。高齢者の収入は年金収入のみの方が大部分を占めるので、あまり無駄な使い方をしていないと思います。しかし、交際費、食費、アルコール、タバコ、遊興費、水道光熱費、携帯電話、スマホ使用料などを見直してみれば余剰のお金がでてきます。数か月我慢すれば解決の糸口が見つかるかもしれません。

(2)　親しい友人が年々少なくなる

幼なじみの友人、家族ぐるみの友人、シニアクラブの同僚など友人とお別れすることは止むを得ません。死は誰にも避けられないことは承知していても、やはり親しい友人との別れは辛く寂しいです。友人が自分の親が亡くなったときや子どもが病気の時に心強いサポートをしてくれたことなどを思い出し、ご冥福をお祈りしましょう。優しかった友人との楽しい思い出と友情を心の支えとして、元気を出していくことで友人もきっと安心してあなたを見守っていてくれます。

(3) 介護の世話になり情けない

介護を受ける人は全国で約四百五十万人、年々増加しています。世話をしてくれる介護人、家族にはいつも「ありがとうございます。お世話になります」と感謝の心で接しましょう。感謝をすることであなたも心が安らぎます。介護する人も喜んでもらっていることを知れば、安心してこれからもやさしく接していこうと思うことでしょう。そして自分は少しでも今より良くなるぞとがんばることが周りの人にも伝わることでしょう。介護されていることを情けないと思わず、前向きに生きていきましょう。

54　好きなことをみつけて一日を楽しく

(1)　自由時間はご褒美です

高齢者の一日は男性と女性では過ごす内容が異なりますが、一日二十四時間を楽しく好きなことをして過ごそうと思う気持ちは同じです。定職を持たない高齢者の場合　①睡眠②食事、風呂　③調理、掃除、洗濯、買物などの家事　④自由時間に大別できます。

このうち、①②③はほとんど固定した時間となり④の自由時間が高齢者ひとりひとりに与えられた余暇の時間です。高齢者はこの自由時間こそ若い時から働いてきたご褒美として毎日が日曜日と思ってよいでしょう。

(2)　好きなことで楽しむ

世代別に休日をどう過ごしているかの調査（二〇一四年厚生労働省）をみると、六十五歳以上の高齢者世代は多い順に

①　インターネットをして過ごす
②　テレビを見たり、ラジオを聴いて過ごす

③　運動、スポーツ、散歩などをする
④　手芸、庭いじり、日曜大工などをする
⑤　新聞、雑誌、本を読む
⑥　ドライブ、小旅行に出かける
⑦　ショッピング、買物をする

では、好きなこと、楽しいことをみつけるにはどうするのがよいかヒントを提案します。

①　心身とも健康に良いこと
②　生きていく活力になること
③　新しい友人ができること
④　長く続けられること
⑤　お金があまりかからないこと

これらの条件を踏まえながら探してみましょう。きっとみつかります。

55 「きょうよう」と「きょういく」のある人は生き方上手な人

「きょうよう」は教養でなく、今日用事があること。「きょういく」は教育でなく、今日行く所があることの略語です。いくつかの本に掲載されていますが、高齢者の生き方について考えてみましょう。

(1) 「きょうよう」と「きょういく」のない人について

毎日昼近くまで寝て起きると朝昼兼用の食事、その後ゴロゴロしながらテレビの前で過ごし飽きて来たら近くを散歩する、疲れて来たら自宅に戻りブラブラしながら夕食を待つ、夕食は勤めていた時と同じくお酒付きを用意させる。深夜までテレビを見ながらゴロゴロ過ごすパターン。こんな日が続くとどうなるか

① 運動不足から体調が悪くなり病院に通院することとなる
② 一人だけの行動が多いのでストレスが増す
③ 家のなかに居る時間が長いので夫婦喧嘩が起き口論が絶えない

(2) 「きょうよう」と「きょういく」のある人について

友人との食事会、ハイキング、趣味の会などの参加、バスツアー旅行、公営プールやスポーツクラブでの運動、デパートで開催している物産展、美術展の見学など出かける用事がいつもある人は次のような利点があります。

① 外出する機会が多いためオシャレを楽しめてストレスが少ない
② 親しい友人となんでも話せて悩みも少なくなる
③ 好きなことをたくさん体験できるので充実した一日となる
④ 新しい知識や情報も得られるので脳の活性化になり認知症などを遅らせる
⑤ 楽しいお出かけの日は心がワクワクして若くなったことを実感できる

定年退職後の男性はなかなか自分の老後をどのように過ごせばよいのか、みつけるのに時間がかかります。退職後の時間は平均寿命八十歳を考えても十五年あります。ゆっくり考えてよいのです。それまでは妻の家事を手伝うことをお勧めします。家事労働がどんなに大変か経験することで妻に感謝をすることができます。老後は夫婦生活を円満に過ごしてこそ幸せがたくさん享受できます。

56　亀のようにのろい歩みでも幸せはやってくる

(1)　兎と亀はどちらが早いのか

イソップ物語で亀は兎より歩くスピードがのろいので休まずに一歩一歩ゴールをめざします。兎は亀が遅いので途中の道端で休んでいたら居眠りをしてしまう。目をさましたらすでに亀は山のふもとのゴール地点で大喜びをしているお話です。この兎と亀の競争は私たちの生き方にも大きな教訓を与えています。いくら自信があっても油断をすると目標（夢）を手に入れることができないこと。能力や実力が少し劣っていても一歩一歩努力した人が最終的に大きな目標を手に入れることができることです。

七十歳を超えた高齢者の方々は、老後生活で亀のように歩みはのろいけれども一歩一歩前に進んでいくと小さいけれども目標をたてていれば、いつかはその目標を手に入れることができます。

(2)　亀の生き方をまねよう

高齢者の生活でどんなことが亀のような生き方となるか考えてみましょう。

① 入院、介護生活を遅らせることができる

一病息災というように身体が弱い人は日常生活のあらゆることに気をつけることにより長生きをすると言われています。病気にならないために身近なことで努力や工夫をすること。時間があればストレッチなど自分だけでできる運動をする。少しでも病気にならない、転ばない、ケガをしないなど知恵を出しましょう。

② 小さいお金を馬鹿にしない

老後のために貯めた貯金と年金で、質素でも心豊かな生活を過ごすよう心掛けましょう。

③ 友人とうまく付き合っていく

趣味友、茶飲み友などたくさんの友人と付き合い、お互いに助け合いましょう。

④ 夫婦で楽しく長寿をめざす

ふたりの心優しい思いやりが夫婦円満になる秘訣であり、ふたりで前向きに生きていく努力が長寿に結びつきます。

57　定年後の起業は準備をしっかりと

(1)　起業パターンはいろいろ

毎週土曜日テレビ朝日の番組「人生の楽園」は定年後または早期退職をした方々が元気に活躍している生き方を紹介しています。手打ちそば店、古民家を改装した民宿、田舎の実家に帰り農業経営など様々な生き方がみられます。

定年後起業する理由を考えると

①　自分のスキル、趣味などを活かす仕事をしたい。
②　年金収入のみでは生活が不安定なので定期収入を得たい。
③　時間もあり健康にも恵まれているので何かをやりたい。
④　両親が高齢なので自分が田舎に帰り実家の農業を引き継ぐ。
⑤　資格を取って個人事務所を開きたい。
⑥　これからは情報社会なのでインターネット関連の企業を立ち上げたい。

(2) 起業をするなら早くから準備をする

起業をするには定年になってから行動するのでは遅いです。準備は早ければ早いほど良い。なにをどのように準備するか考えてみましょう。

①　モノ（商品、職種）は何にするか

自分の特技を活かし長続きできるモノをみつける。失敗しないためには起業する商品、職種に関する技術技能を早くから習得する。

②　ヒト（人材）をどうするか

家族の協力が必要なら早めに同意を求め協力してもらう。

③　カネ（資金）はあるのか

商法の改正で一円の資本金で株式会社は設立できるが、開業資金、運転資金一千万円以上ないと安定した事業の継続はできないので早めに準備する。

④　経営は簡単でない

経営は常に新しい情報を入手して市場（お客）調査を行い経営のノウハウを蓄積する。倒産は許されないので慎重にしてください。高齢者の起業で一攫千金はないと思って一歩一歩堅実に実行してください。

58　親の生きた歴史を忘れずに

高齢者の両親の時代は大正、昭和の激動期です。どんな時代でどのような生活を送って来られたのかを知ることは子どもの義務ではないでしょうか、どんな時代か検証してみましょう。

(1)　第二次世界大戦は悲惨な戦争でした

高齢者の多くは日中戦争と第二次世界大戦を幼児期、少年期に体験しています。第二次世界大戦は五十二か国を巻き込んだ人類史上最悪な戦争です。戦死者は全世界で約五〜八千万人にのぼるといわれており、このうち日本人の戦死者は三百七十万人（諸説あり）、家屋の焼失二百三十六万戸の甚大な被害です。戦争中のトピックスを記述すると、

①　召集令状　②　産めよふやせよ　③　贅沢は敵だ　④　隣組による食料品の配給制度　⑤　庭に防空壕を掘る　⑥　欲しがりません勝つまでは　⑦　学徒出陣　⑧　敵性語禁止　⑨　野草を食用にする　⑩　学童集団疎開　⑪　全国都市が空爆で焼かれる　⑫　広島・長崎に原爆投下

(2) 戦後の生活も悲惨、貧困が続く

① 米の配給は一人一日二百八十五グラム、芋や雑穀で代用
② ヤミ米を買うため衣類などを農家に持っていき物々交換
③ 敗戦から一年で物価十倍、二年四か月後二十倍のインフレ
④ 空襲で焼け野原となりトタンで雨露防ぐため仮の家二万千戸作る
⑤ 戦争に負けたため軍人家族など六百三十万人外地から帰国
⑥ 発疹チフス死者三千三百人、天然痘死者三千人、コレラ死者五百六十人

敗戦後の日本人はどの家庭でもどん底の悲惨な生活を体験しました。父親が戦死した家庭では母子で苦しい悲しい生活を長く続けることとなりました。このような暗く悲惨な生活でも親は一生懸命私たちを育ててくれました。どんなにか長い苦しい塗炭の道のりであったことでしょう。今日の日本は見事に復興し、幸せな生活を送っていることに心から感謝するとともに、いつまでも親の生きた時代を忘れないようにしましょう。

昭和 19 年　父出征時の記念写真（上海市）

第六章　百歳へのチャレンジは強い意志と実行力が必要

59　百歳は誰にでも与えられた人生最大のプレゼント

百歳まで健康に生きられるということはどんなに素晴らしい一生でしょうか。しかし、百歳を目指すためにはいくつもの困難に立ち向かっていかなければなりません。強い意志と実行力がなければなりません。

(1)　百歳まで生きるぞという強い意志を持つ

高齢になれば誰もが身体のあちこちに赤信号のサインがでてきます。一週間に一度は診療所通いとなり弱音を吐き生きる気力も失せてきます。こんな時こそ

①　自分にできる運動を毎日続ける
②　三食の食事を美味しく食べる工夫をする
③　持病をどう改善するか主治医とよく相談し病気と闘う

今までと変わらない規則正しい生活を続けていくことで百歳への強い意志を持つことができます。

(2) 幸せや楽しいことをたくさん体験する

① 日々の生活の中にささやかでもよい、小さな楽しみをたくさん見つける。
② 自分の置かれた環境に満足し前向きに生きるよう自分自身を奮い立たせる。
③ 百歳まで生きて楽しいことをたくさん享受するぞと生きる目標を忘れない。

(3) 不安や悩みを減らす努力をする

自分の身体や老後のことで不安や悩み心配事ばかり考えていると毎日が暗くなります。明るく過ごすという気持ちを忘れないことです。

① 子どもにメールや電話で病気のことや近況を知らせる。
② ひとり身の方は家族、友人、民生委員などに悩みを相談する。

百歳は誰にでも与えられています。資産の多少、家柄、学歴などにより決まりません。ピンチをチャンスにする強い意志と実行力のある人に与えられる人生最大のプレゼントです。

60　七十歳を過ぎたら遺言書を書く

人生の節目を迎える七十歳（古稀）頃にはそろそろ死に向かっての心構えの準備をしましょう。自分の意識がはっきりしている時に遺言書を書いておきます。

遺言書の書き方は民法で定められています。自筆で書く場合には本でよく調べて慎重に書く必要があります。また、相続財産がたくさんある人は公証人役場、弁護士、司法書士、税理士、行政書士など専門家に相談してください。ここでは自筆で遺言書を書く場合の要点を述べます。

(1)　自筆で内容、年月日、氏名など全文を書く

ワープロは不可です。印鑑は実印でなく認印でもよい。

(2)　遺言内容は相続財産の種別ごとに誰にどのようにどの割合で相続させるか具体的に書く

①　土地（借地含む）は所在地、地目、面積など

②　家屋（貸家含む）は所在地、面積など

③　現金及び預貯金は銀行名、支店、金額など
④　株式（銘柄、株数）国債、社債など
⑤　生命保険（保険会社、受取人、保険金額など）
⑥　自動車、貴金属、宝石、書画、骨董、ゴルフ会員権など
⑦　マイナスの資産（借入金、損害賠償義務、保証債権）など

(3)　遺言書は何回でも書き直しができるが有効な遺言書は最新の年月日のものです。

(4)　修正したときは変更したことを付記し署名捺印する

(5)　自筆の遺言書は相続人が家庭裁判所で検認を受ける（封印の有無に関係なく）必要があり相続人に話をしておく必要があります。

自分が死んだあとに配偶者や子どもが相続で醜い争いが起こることは悲しいことです。今まで仲良く助け合ってきた家族が相続争いで不仲になることは親として悲しいです。争いの起きないようによく考えて遺言書を書くことが大切です。

61　エンディングノートも遺言書と一緒に書く

遺言書は相続財産のことを明記した書類で法的効力があります。しかし、延命治療、葬儀、お墓のことなど家族に話をしておきたいことや自分の最期を自分らしく感謝の言葉などを書き残すことも大切です。この書類がエンディングノートで法律上の効力はありません。市販されているものがありますが自分で作成することも、どんな内容にするのも自由です。いくつか列挙しましたので参考にしてください。

(1)　延命治療、尊厳死について

事故や重篤な病気で回復の見込みがないとき、どんな治療をして最期を迎えたいのか、苦痛を緩和する以外に延命治療をせず自然な死を迎える尊厳死を望むのかなどを書きます。

(2)　葬儀、お墓について

自分の葬儀は家族葬か取引先や友人など大勢の関係者を含めた葬儀にするのか、どこのお寺でするのか、葬儀用の写真、葬儀費用なども書きます。特にお墓のない人はどのような方法でやってほしいのか明記します。

(3) 銀行預金、年金、生命保険などについて

遺言書に書けなかった種別、番号、連絡先と電話番号など明細を書きます。

(4) 金庫の保管場所、ダイヤル番号について

(5) 過去の戸籍謄本について

相続手続きでは出生してから死亡した時までの戸籍謄本を入手する必要があります。本人が本籍地として届けた本籍地を過去から現在までさかのぼって本籍地のある現在の自治体名を書きます。（市町村が合併しているので注意してください）

(6) 借入金、連帯保証などについて

マイナスの財産（債権）について正しくわかりやすいように書きます。

(7) 自分史及び感謝の言葉などについて

学歴、職歴、親戚、シニアクラブ会員など家族が知っていてほしいこと、家族との思い出のことや家族に感謝の言葉なども書きます。なお、実現できない内容は書かないようにしてください。

62　最近の葬儀、お墓の情報を知る

(1)　葬儀が小規模になっている

葬儀に関する調査（二〇一四年鎌倉新書）をみると
① 一般の葬儀（三十一名以上の参列者）　四十二％
② 家族葬　三十三％
③ 直葬（僧侶を呼ばず火葬だけ）　十六％
④ 一日葬（通夜をしない）　九％

高齢者の葬儀になると勤務していた会社関係者との交友も少なくなり親戚、隣近所などに範囲も限定されるので家族葬を希望するのが増加しています。

(2)　都市部ではお墓も火葬場も不足している

死亡者数は二〇〇三年に百万人を超えてから毎年増加しています。大都市では土地がないためお墓も火葬場も足りない自治体が多く「墓難民」が増え続けています。

どのようなお墓を希望するのか（二〇一四年埼玉県調査）をみると

①　従来の墓石型　三十八％
②　低めの墓石で解放感のある芝生型　二十四％
③　墓石の代わりに樹木を墓標にする樹木型　二十一％
④　慰霊碑の地下空間に合同で納骨し献花台で参拝する慰霊碑型　十四％

一方、自分が入るお墓についてどのようなものが理想ですか（二〇一〇年ミセス調査）をみると

①　家単位の先祖代々のお墓　三十二％
②　散骨などでお墓は作らない　二十七％
③　夫婦と独身の子どもを単位としたお墓　二十％
④　共同で祀られるお墓　十％
⑤　個人単位のお墓　六％

(3)　寺院への支払い金額が不透明で分からない

寺院も法要料、戒名料について公開する時が来たのではないでしょうか。インターネットでは安い料金がみられます。

63　老前整理は元気なうちに

物を大切にする、使えるまで使う、日本人の美徳です。戦中戦後の貧乏生活を経験した高齢者には簡単に捨てるということは勇気が必要です。しかし、自分にとっては大切と思うものでも遺された遺族にとっては無用なものであることが多いです。体力、気力のあるうちに老前整理を少しずつしましょう。なにをどのように整理するか考えてみましょう。

(1)　書画、骨董品

書画、骨董品は先祖から引き継いだものや旅行先で購入したものなどいろいろ思い出のものがあります。贋作がありますので作者を調べたり、鑑定書を調べたりして本物は残してその他のものは処分しましょう。

(2)　宝石、貴金属品

結婚記念、銀婚式記念などに購入した宝石、貴金属類は冠婚葬祭用を除き子どもやお嫁さんに元気なうちに渡しましょう。死後子どもたちが相続で分けるよりも喜ばれます。

(3)　仕事関係の書類

自分の思い出になる重要書類は手元に置いてその他の書類は処分しましょう。

(4)　日記、手紙、写真類

日記、手紙、写真などはむやみに他人にみせることは慎むことです。最近のものや思い出のものを除いてその他は処分しましょう。

(5)　和服、洋服

和服は長く使用できます。高価なものですので子どもに着てもらいたいならばよく話をしておくべきです。その他の洋服などは季節ごとに必要な枚数を残してなるべく処分しましょう。

(6)　図書類

きちんと本棚に整理してそのほかは処分しましょう。

(7)　趣味のもの

老後の生きがいになりますので置場所を考えて整理しましょう。

64　古い自宅は自分の代で決断する

あの家は誰も住んでいない空き家なので火災が発生したら大変だ。人口減少により空き家が各地で社会問題となっています。今住んでいる自宅を将来どうするか、自分の代で方針を決めておくことが重要です。

(1)　空き家の現状と将来予測

日本の空き家は現在八百二万戸で過去最高です（二〇一三年）。この数字は全国の住宅の一三・五％です。二〇三五年には千四百万戸約二十一％と予測されています。

地方ばかりでなく都市でも空き家が増えています。

(2)　空き家法の制定

空き家が防災、治安上社会不安となっているため二〇一五年五月「空き家対策特別措置法」が施行されました。これにより倒壊の危険や衛生上問題のある特定空き家は、自治体より強制的に取り壊されその費用は所有者に請求されます。さらに、特定空き家は固定資産税の優遇措置がなくなり更地と同じように約四倍の固定資産税を支払うこととなりました。

(3) 古い自宅をどうすればよいか

子どもの意見や現況をみて方針を決めておきましょう。

① 子どもにそのまま住んでもらう
通勤に少し不便でも子どもの住みやすいように改装して住んでもらう。

② 借家として貸す
一部改装すればまだ住宅として活用できるならば賃貸住宅とする。

③ 解体し更地にして売却する又は解体せず現況のまま売却する
相続したのち子どもたちが解体して売却する

④ 管理代行を頼む
相続したのちすぐにどうするか決まらないときは、空き家を管理会社に依頼する。

自宅を自分たちが亡くなったのちどうするか、相続対策として重要なことです。子どもたちとよく話し合うことは親の責務です。散歩しているとあちこちに空き家がみられますが他人事でないと考えてください。

65 がんばらない、手抜きする、義理を欠く、恥ずべきことではない

毎日三度の食事作り、洗濯、掃除、買物この繰り返しが多くの主婦の日課です。しかし、高齢になれば身体の不調や痛みがあちこちにでてきます。そのような時どう対応すればよいか考えてみましょう。

(1) がんばらない

二〇〇〇年四月から介護保険制度がスタートしました。要介護認定者数は五百八十四万人（二〇一四年）で毎年増加しています。また、六十五歳以上の要介護者を六十五歳以上の高齢者が介護する老老介護の割合は四十六％（約五割）を占めるようになりました。

一方、足腰に痛みのある高齢者は千人当たり五〇八人です。このうち、男性二百十八人、女性二百九十人で女性の方が多いです。介護者をどう支援するのがよいか、自宅での介護には限界があります。このような時、地域の民生委員、自治体の窓口に相談にいきましょう。介護し続けたため自分も要介護者になってはいけません。

(2) 手抜きする

毎日三度の食事作りは高齢者にはとても大変なことです。メニューを考えるだけで悩み、買物に行くのも苦労です。そんな時スーパーやコンビニでふたり用おかずを買う、弁当の宅配便を利用する、食材を一週間分宅配してもらうなど身体をいたわってよいのです。手を抜くことも必要です。

(3) 義理を欠く

高齢者は親戚、友人などに高齢者が多いので葬儀や法要が一年間に何回かあります。また、以前勤めていた会社のOB会、中学、高校、大学などの同窓会など広く付き合っている方は一年間に相当の出席依頼がきます。出席の通知がきても体調が悪いなど出席が困難であるときは無理をしないことです。一年に一回の楽しみでもまた会うことはできます。彼も彼女も年相応になってきたのだと思われますがそれでよいのです。

高齢者はがんばらない、手抜きする、義理を欠くことは恥ずべきことではありません。

66　病に克つという強い意志を持つ

主治医から胃がんです、胃の全摘手術をします。と告知された男性は自宅に帰り俺はもうダメだと放心状態です。

日本人の一年間の死亡者数は百二十六万人、うち、死因第一位のがん死亡数は三十六万人で約三割を占めています（二〇一三年）。主治医から病名を告知されたら高齢者はどのように対応したらよいか考えてみましょう。

(1)　病名に関する最新の情報を知る

がんを例にとれば、がんの治療方法は外科療法（手術）、放射線療法、薬物療法、その他の治療方法があります。まず、自分の病状を正しく知り、その治療方法や最新情報を調べることで、心も落ち着き病気と正面から向き合うことができます。

(2)　セカンドオピニオン制度を利用する

主治医の治療方法が自分も家族も納得できないときは「セカンドオピニオン制度」（主治医以外の専門医に第二の治療方針を聞く）を利用しましょう。主治医に話して今までの検査データーを持参しどのような治療方法がよいか専門医の意見を聞きます。専門医はたくさんの症例を経験されていますので改めて治療方針を聞き判断することがよいです。近年、セカンドオピニオン制度は一般的なこととして認知されていますので主治医が拒否することはありません。最善の治療で病気に克つ気構えを持ちましょう。

(3) 主治医を信頼し必ず治るという強い意志を持つ

治療が開始されたら主治医を全幅信頼しましょう。手術をすれば入院期間はそんなに長期間になることはありません。症状が落ち着けば自宅療養となり、今度は月に数回の通院となります。病気の回復は手術後直ぐに改善がみられることはありませんが、徐々に良くなります。あせってはいけません。病気と根競べになります。家族がいればいろいろと心配もするが応援もしてくれます。親しい友人も時々きて相談相手になります。ひとりでないことで寂しさもまぎれます。自宅で一人でやれる趣味などを楽しんだりして気持ちをいつも穏やかにしましょう。そして病気に克つという強い意志を持ち続けるのです。「病は気から」です。

67　挑戦する人、自立する人、耐えられる人は百歳に近づける

百歳まで健康で生きられる人はどのような人でしょうか、私は次のような人が近づける人と考えています。

(1)　挑戦する人

六十五歳の定年を迎えた男性はさてこれからどういうことをして毎日を過ごそうか悩む人が多いです。仕事一筋でしたのであまり定年後を考えていない人です。のんびりすればいいそれからゆっくり考えようとします。また、定年五年前から第二の人生をこうしたいとプランを立てている人もいます。素晴らしい人です。女性の方は、これから夫と毎日一緒に昼食を食べるので大変だと考える人もいます。夫の定年を機に夫婦で新たに挑戦をするぞと気構えることが必要です。どんなことがしたいか、どんなことができるのかいくつも書き出してみましょう。

毎日を楽しく過ごすことで活き活きとした人生を送ることができます。

(2) 自立する人

男性の多くは料理、掃除、日用品の買物などはあまりしていません。定年後はほとんど家にいるので妻から少しずつ家事を教わっていきましょう。男性が台所に入るのを嫌う風潮がありますがそれは古い考えです。妻が夫より先に亡くなることがあります。また妻が先に倒れたり認知症になることもあります。妻離れをしておくことは決して早すぎません。妻も夫が先に死亡し一人暮らしになったらどうするか生活費の工面など考えておきましょう。夫婦ふたりでこれからの生き方上手な暮らし方を考えていきましょう。

(3) 耐えられる人

高齢になればどんな人でも早かれ遅かれ入院、手術など病気と闘うことが起きてきます。一方、配偶者との別れ、親兄弟姉妹との別れ、親しい友人との別れなど悲しいことが次々と起きます。このとき、これは人間の宿命であり誰にでもいつかやってくるものであると考え乗り越えることが必要です。苦しみ、悲しみに耐え、新たな生きる力を見つけることこそ百歳に近づける一歩となります。

68　一番の幸福はやはり健康です

(1)　幸福感の一番は健康

二〇一四年に厚生労働省が調査した「幸福感」を判断する際に重視した事項について三つ選んでもらったところ、六十五歳以上では次の順位でした。

一位　健康状況（七十二％）
二位　家族関係（四十八％）
三位　家計（所得、消費）の状況（四十五％）
四位　精神的なゆとり（二十八％）
五位　自由な時間（二十四％）
六位　趣味、社会貢献などの生き方（十八％）
以下、充実した余暇、仕事の充実度、友人関係でした。

なお、二十代から三十代の一位は家計、二位は家族、三位は健康で高齢になるほど健康であることが幸福であると考えています。

(2) 健康とは病気がないこと

次に健康状況を判断する際に重視した事項を尋ねました。

一位　病気がないこと（六十四％）
二位　美味しく飲食できること（四十一％）
三位　身体が丈夫なこと（四十％）
四位　ぐっすり眠れること（二十八％）
五位　不安や悩みがないこと（十九％）
六位　家庭円満であること（十四％）
以下、幸せを感じること、前向きに生きられること、生きがいを感じること、人間関係がうまくいくことでした。

高齢者にとっては自分の身体のことが一番の課題であり、これからの家計や生きがいより上位になっています。多くの高齢者は持病と闘っています。身体的不安と精神的不安も同時に持っています。前向きに生きていくという強い気持ちで日々を生きていきましょう。

69　元気なうちに行きたい所に行こう

新婚旅行で行った所にもう一度行ってみたい。今度はのんびりハワイに行ってみたい。身体的、経済的に余裕があれば旅行を楽しみたいという高齢者は大勢います。是非元気なうちに楽しいプランを立てて実行してください。

(1)　故郷を訪ねる

生まれ育った故郷の、記憶に残っている学校などは無いかもしれません。神社、お寺などは存在しています。故郷がどのように変貌したか見ることもよいです。また、小学校、中学校の同級生に会い昔の思い出を語り合いましょう。あの時悪ふざけをしたこと、先生に厳しく叱られた、褒められたことなど遠い昔を思い出します。

(2)　新婚旅行の地へ

若いふたりが希望に燃えて新婚旅行に行った地に再び出かけてみる。同じ旅館に泊り浜辺を散策する。いままでのふたりの懸命な努力が今日の幸せを築いてきたことをお互いに感謝し合うことが旅のご褒美です。

(3) 新しい世界を見るために海外旅行を

豪華客船で世界一周五〇日、今や世界一周も夢ではなくなりました。高齢者にも既に海外旅行は何度も経験している方も多いと思います。

① 海外の会社で働いたり、海外に仕事で出かける機会があった
② 子どもが留学していたり、国際結婚した子どもがいる
③ 毎年安い海外ツアーで出かけていた　などです。

昔は一ドル三六〇円、外貨の持ち出しに厳しい制限があり海外旅行は庶民にとっては夢でした。これから海外に出かける高齢者は次のようなことに気をつけてください。イ、無理をしない日程をたてる。ロ、現地のガイドは日本語ができること。ハ、海外保険はしっかりかける。日本人はお金持ちと思われているので貴重品管理はしっかりとする。海外に出かけると衣食住、習慣、宗教など異文化に出会います。いろいろな人々が生きている現実をよく見て生きる意味を改めて考えてみましょう。新しい発見がいくつかあります。元気なうちに行きたい所に出かけてください。きっとあなたの老後が楽しくなることでしょう。

70　衣食住足りて礼節を知る

諺に「衣食足りて礼節を知る」人は生活が安定してはじめて道（徳義）を行うことができるの意（出典　菅子）。日本人の衣食住は各国と比べると社会保障制度が比較的整備されているので恵まれていますが改めて考えてみましょう。

(1)　衣について

着られないほどの衣装持ちは女性に多いです。女性は衣服については楽しむためのもので外出する時どんな服装にするかオシャレを楽しむ特性があります。男性はあまり衣服に無頓着な人が多いです。ビジネスマンが仕事のときに着るスーツはほとんどが紺色系の地味な色であることを考えてもオシャレを楽しむのと少し違っています。高齢者の方々は勤めを卒業したのでこれからはオシャレを楽しみましょう。

(2)　食について

①　肥　満

日本人の肥満（ＢＭＩ25以上）の割合は男性二十九％、女性十九％です。メタボリック症候群とその予備軍は約千四百万人で生活習慣病の予備軍です。早食いをやめる、三食規則正しく食べる、肉料理を少なく野菜を多く食べる。運動は毎日習慣にするなど肥満防止に努めましょう。

② 世界には食事や住まいに困っている人がたくさんいる

世界をみると国連の調査では難民、避難民は約五千五百万人います（二〇一四年）。シリア、コロンビア、イラク、コンゴ、アフガニスタンなどアジア、アフリカ地域で大勢います。民族対立、宗教対立などから内戦に巻き込まれた人々で祖国を追われた人が困窮しています。

(3) 住について

日本では都心部のひとり暮らしの高齢者に住宅困窮者がいます。マンション、アパートが空いているのに利用者の要求と条件が合致しないため困窮しています。

(4) 礼節について

高齢者が衣食住足りてもまだ不満に思うことはあります。その源はその人の心の中にあります。百歳を目指して生きると自然に心も明るくなり道を切り開くことができます。

71　長寿をめざすには心構えが大切

世界の百歳以上の総数は約三十一万七千人、日本人は五万八千八百人で世界一位です。この数字を考えると百歳をめざすことはどんなに至難なことかわかります。六十歳代から九十歳代までの心構えを考えてみましょう。

(1)　六十歳代は第二の青春のとき

子どもの教育や親の介護をする人、子どもが独立し定年を迎え夫婦ふたりの生活を楽しむ人もいます。この時期は老後の人生プランを計画し五年先、十年先の楽しいことを計画し人生を謳歌するときで新しい仲間作りをするときでもあります。健康管理はこれからの老後を左右する大きな鍵となります。夫婦でどのように暮らすのがよいかよく話し合いをしてください。夫婦の第二の青春時代です。

(2)　七十歳代は黄金のとき

好奇心が十分ある年代で持病があるが足腰は大丈夫です。この時期は人生をゆっくり振り返り立ち止まって考えるときです。六十歳代に考えた老後プランを検証し新たなプランを企画しましょう。やりたいこと、好きなこと、熱中することが何か考えましょう。一年に一回の定期検診、毎日血圧を測るなど自分の身体をいつも気にかけていきましょう。

(3) 八十歳代は壮年のとき

趣味の会、食事会、日帰り旅行など外出する機会を多くし楽しむ年代です。一方、親しい人との別れも多く寂しくなりますが、日々を楽しく前向きに生きるよう心掛けましょう。くよくよせず、夫婦喧嘩を少なくし穏やかな生活をしましょう。そのためには自分でできることは自分でする自立型生活をお互いにやってみる。介護や入院に慌てずに対応できる心掛けをしておきましょう。

(4) 九十歳代は老境のとき

夫婦が元気に暮らすためにはお互いに助け合う共助の精神が大切です。ひとり暮らしの人はなるべく外出し友達と会うことがよいです。お互いの悩みや不満を語り合うことでストレス解消をしてください。

九十歳代後半は病との闘いがあります。介護や入院でお世話になったときは心からの感謝をします。そして最後のお別れの準備をそろそろしていきましょう。

72　ピンピンコロリは理想の死に方か

(1)　ピンピンコロリの語源

ピンピンコロリとは病気で苦しむことなく元気に長生きし、病まずにコロリと死ぬという意味の言葉です。

一九八〇年長野県高森町の北沢豊治氏が健康長寿体操を考案し、一九八三年日本体操学会に「ピンピンコロリ（ＰＰＫ）運動について」と題して発表したのがはじまりです。その後、各地には「ぴんころ地蔵」ぴんぴんころり地蔵が建立されてきました。

(2)　死亡する前に重要なことを家族に知らせないと争いが起こる

ピンピンコロリ死は本人が苦しむことなくあっという間に死ぬので本人も家族も理想の死に方と思っている人が大勢います。しかし、突然主人が死んでしまったので残された遺族は途方にくれ悩むこととなります。最悪の場合には遺族同士の醜い争いが起き悲劇が生じることもあります。

①　葬儀について

突然急死したため葬儀のやりかたをどうするか、会社の功労者で役員を長くしていたので世間体を考えて立派な葬儀をしたい。一方、役員であったが会社を辞めて二十年経ち交友関係も少ないので家族葬で簡単にする。本人にとって一番良い葬儀はどうすればよいか、生前に自分の葬儀はこのようにして欲しい旨家族に話をするか書いて残しておくのが必要です。

②　相続について

本人の相続財産の大小、相続人数などで遺産の分割は変わります。土地建物など不動産や金融資産が多い人、大規模農業経営者、会社経営者などそのほか債務額があるとか連帯保証人になっている方などはきちんと相続方針を遺言書に書いておくことが大変重要です。突然亡くなり残された遺族が初七日に遺産争いを起こすことはテレビのドラマでみます。親の心子知らずになることのないように遺言書で円満な相続ができたと感謝されるようにしておきましょう。ピンピンコロリで死にたい人はいろいろと生前に準備を怠らないことです。

73　七難八苦はひとりで悩まない

(1)　七難八苦は生きている証し

若い時にたくさんの苦難を乗り越えてきたのにこの歳になっても七難八苦があるとは。高齢者に多い七難八苦を考えてみましょう。

①　老老介護
夫婦のどちらかが要介護になり介護施設に入所できず自宅介護で疲れ果てる

②　配偶者に先立たれる
苦労しながら助け合って暮らしてきたので気力がなく片腕をもがれる思いです

③　末期がんなどの重い病気になる
余命いくばくもないことを知り痛みに耐えていけるか

④　嫁姑の不仲
嫁に世話になることが多くなってきたがなかなか素直に好意に甘えられない。なんとか仲直りをしたいと思っているがどうすればよいか

⑤　相続争い

旧家なので土地があり相続争いが起きていてどうすればよいか悩んでいる

⑥ 離婚寸前

定年で悠々自適と思っていたが妻から突然の離婚の申し出があり納得できない

⑦ 配偶者の浮気

若い時から夫の浮気で悩まされ今でも治らないこれからどうすればよいか

⑧ 家庭内暴力

夫が酒を飲むと暴言暴力、一方妻が寝たきりの夫に暴言ばかり生きるのが辛い

⑨ お金が無い

わずかな年金だけで子どもの仕送りも頼れず毎日が苦しい

(2) 七難八苦はひとりで悩まない

些細な苦難は解決も早いが、大きな苦難は時間と労力も必要です。ひとりで解決しようと思わないことです。家族、親しい友人、住んでいる自治体の相談窓口などあらゆるところに相談してひとりで悩まないことです。

74　仲良し夫婦は百歳をめざす近道

夫婦が仲良く暮らすことは百歳をめざす最良の近道です。仲良し夫婦像を考えてみましょう。

(1) お互いに良い性格をさがして暮らす

悪い性格は誰にもいくつかあります。良い性格をさがすことで改めて相手のすばらしさ、優しさを見つけることで老後の生活を楽しく過ごせます。

(2) お金の使い方を話し合いで決めると家庭円満になる

老後の収入は少ないので生活費、旅行、親戚付き合い、孫へのプレゼント、大きな買物など夫婦で話し合うと家庭は円満になります。

(3) 相手の体調をいつも気遣うことで病気の早期発見、早期診断につながる

(4) 家事労働をふたりで分担することで老後は楽しくなる

(5) 外食、旅行など定期的に企画しいつも新鮮な気分を味わう

(6) 子ども孫とはいつも連絡を取り合うことで成長を楽しみにできる

(7)　食事は一緒に食べることで美味しさが倍加する
お互いに会話をしながらの食事は料理も一層美味しくなります
(8)　お互いが趣味をみつけて過ごせば生きがいとなる
老後の一日は長いので趣味に熱中できれば生きがいとなります
(9)　親戚とうまく付き合うことができればお互いの争いが少なくなる
(10)　ラジオ体操、散歩など運動を夫婦ですると心も温かくなる
(11)　セックスは男女で特性が違うのでひと工夫する必要がある
(12)　相手の言い分をよく聞いて夫婦喧嘩を少なくする
(13)　相続で争いが起きないようによく話し合いをしておく
(14)　介護、延命治療、葬儀などはよく話し合いをして心の準備をしておく
(15)　最高で最良のパートナーとお互いに認めあう

生まれも育ちも違う他人同志が結婚し苦労して築いた家庭です。お互いに感謝し尊敬し信頼をしてきたことを認め合いましょう。これからも良きパートナーとして百歳をめざしましょう。

75　若返る努力こそ長寿への道

年より若いですね、どんな人でも嬉しい言葉です。健康で若々しく過ごしたいと願うことは万人共通の思いです。そのためには自分の年齢より若くなろうと努力することが必要です。

(1)　食事で若返る

肥満にならないようにバランスの良い食事を心掛けましょう。食事がエネルギーの活力源となり明日への力となります。

(2)　運動で若返る

ラジオ体操、散歩などひとりでできる運動を習慣化して行いましょう。近くの公民館やスポーツクラブなどで仲間たちといろいろな運動で体力の維持と筋力アップを図りいつまでも若さを保持しましょう。私の若返り法は、ＮＡＳスポーツクラブです。プール、ジム、スタジオで運動したのち、サウナとお風呂に入り気分爽快になります。心身共にリラックスし若さをいつまでも維持していきたいです。

(3) 学びから若返る

好奇心をいつまでも持つことは若さの証明です。最新のニュースを知ることで家族友人と会話もはずみ知力アップになります。

(4) 旅行、ハイキングなどで若返る

外出する機会が多くなれば悩みなどのストレスが発散され心も身体も穏やかになり活き活きした生活を送れます。

(5) 身だしなみで若返る

高齢者は身だしなみに気をつけることが大切です。特に女性は十歳位簡単に若返る知恵があります。お肌の手入れに気をつける、服装は派手すぎると言われても言葉使いや行動に高齢者の品格があれば輝いています。

(6) 家事労働で若返る

毎日の家事をどのように時間割りするか、食事作り、買物、掃除など頭を使い身体を動かすことで若さをいつまでも保つことになります。

自分らしい若返り方法を見つけ長寿を楽しんでください。

76　美しく老いる心構えが必要

百歳の方々の生き方の本を読むとどなたも何かに集中して楽しんで暮らしている様子が感じられます。高齢者には一日が長く感じる人、やることがたくさんあり忙しく暮らしている人など様々です。美しく老いる暮らしを目指すことは長寿を目指すために必要です。どうすれば美しく老いる心構えを作れるか考えてみましょう。

(1)　感謝の心をいつも忘れない

親切にされたときは感謝をこめて、いつもありがとうと言いましょう。

(2)　悲しみ悩みを減らす工夫を

悲しみや悩みをどうすればよいか、年寄りの知恵で工夫して解決をしましょう。

(3)　わがままな行動を慎む

年寄りの身勝手な行動は嫌われます。親しみのある年寄りに近づけるように努めましょう。

(4)　いつでも自立できるように準備を

自分でやれることは自分でする習慣をつける。いつかは一人になることがあります。

(5) 季節感を味わう生活を

旬の食事、季節ごとに咲く草花の美を堪能するなど暮らしに季節感を取り入れましょう。

(6) 子どもの忠告は素直に受け入れる

子どもの忠告は親を思ってのこと素直に受け入れましょう。

(7) 歴史を学び今日の社会情勢を客観的に判断する

政治のやりかたにひとりで怒りを持っても改善しない。歴史から学ぶことで物事を客観的に見ることができます。

(8) お互いに尊敬し助け合う夫婦生活を

老後はお互いに尊敬し助け合って暮らすことが大切です。お互いがけなし合い、夫婦喧嘩の多い老後では寂しいし悲しいです。

(9) 正直に生きる

嘘をつけばいつかは見つかります。自分に正直に生きることで毎日が活き活きし皆さんと楽しく暮らすことができます。

77　学びの場は生きがい

高齢者が一日をどのように過ごしていくかでその人の老後へ大きく影響します。現役の時全力で働いてきたので老後はゆっくりと隠居生活をしたい。まだやりたいこと学びたいことがあるので挑戦したい。後者の高齢者は　①心身共に豊かになる　②人と交流するので孤独にならない　③やりたいことをやるので悔いを残すことがないなど、老後の人生に生きがいを見つけることができます。生涯学習の場としていくつかありますので参考にしてください。

(1)　放送大学

①　入学試験がなく授業料も良心的で、科目は三百科目あります。

②　テレビやラジオを通じて授業を受けるので、録画をしておけばいつでも自分の好きな時間に自宅で学習できます。

(2)　社会人大学

社会人のための大学、通信教育、公開講座などいくつかの大学で学ぶことができます。

私も七十二歳から社会人学生になり、専門科目を現役の大学三、四年生と共に学び、試験も一緒に受けています。

(3) 公民館、地域交流センター

市区町村にある公民館、地域交流センターでは高齢者学級、公開講座、趣味の同好会に会場を提供しています。趣味の同好会はたくさんありますので、自分がやりたい同好会をさがしてみてください。会費も安いし同じ高齢者なので新しい仲間もできます。

(4) 図書館

やっと時間に余裕ができたので読みたかった作家の本をすべて読みたい。歴史が好きなので体系的に読みたいなどあらゆるジャンルの書籍が整備されてきました。新聞雑誌もありますので自分で購入することなく最新版を読むことができます。

七十歳を超えると体力的な衰えから無理が効かないこともあります。自分ができる範囲で新しいことに挑戦をしてみてください。学ぶことから新しい世界を知り仲間を得て生きがいを見つけることができます。

78　生涯現役で働く人は長寿を楽しめる

六十歳の定年で辞めても六十五歳までは希望すれば再雇用される法律ができました。定年後もっと働きたいという理由は　①身体が元気なうちは働きたい　②経済的に余裕がないので働きたい人たちです。自営業者以外の高齢者が働きたい場合はどうすればよいか考えてみましょう。

(1)　シルバー人材センター

シルバー人材センターは「高年齢者等の雇用の安定等に関する法律」に基づき非営利団体で原則として各市区町村に置かれています。全国で約七十三万人が働いています(二〇一五年)。職種は地域により異なりますが、自治体の広報誌配布、公民館管理、図書館内の巡回、公営駐輪場管理、公園管理、観光案内、植木業務、パソコン教室の講師などたくさんの業務があります。希望する職種がみつかれば高齢者向きの職場です。時間も本人の希望を聞いてくれます。ただし賃金は安いです。

(2) 民間企業

私の地域の就職情報誌をみると六十五歳以上の募集は少ないです。警備、清掃業務など七十歳までですが肉体的、時間的に厳しい職場です。自分がやれると思っても長く続けられるかどうかよく考えることです。なお、専門的高度な技能の持ち主の方の募集はいくつかあります。

(3) 国家試験資格があると有利になる

生涯現役で働きたい人は国家試験の資格を取得することが有利です。定年前から準備をすることが近道です。司法書士、行政書士、社会保険労務士、中小企業診断士、宅地建物取引主任者、電気主任技術者などいくつかあります。ただし、定年後仕事を始めて開業する人は相当な覚悟が必要です。現実の仕事は既にたくさんの有資格者が各地域で活動しています。その中に新規に開設して顧客を見つけるのは至難です。最初は同業者にお世話になりイロハから知恵を借りなければうまくいかないかもしれません。高齢者の仕事はそんなに簡単ではありませんがうまく見つかれば長寿を楽しめ経済的にも安定しますので是非挑戦してみてください。

79　高齢者には品格が必要

あの人には品格がありなんでも任せられよく人が集まってくる。品格とはその人に備わっている品位です。社長の品格、人間の品格などいくつかの本が出版されています。高齢者に品格を求めるのは少々酷かもしれませんが、私は人生の最終章を有意義に楽しく生きるために品格が必要であると考えました。

(1)　老いたことを自覚して行動する

足腰が弱ってきたり物忘れがひどくなったりしてきます。若い人から年寄りの冷や水と言われないように常日頃から老いを自覚した行動を心掛け迷惑を掛けないようにする。

(2)　物事を大局的にみる

物事を判断する時、一方的に考えず全体の情勢を考えて大局的に判断する。

(3)　経済的に安定した資産を持つ

病気や介護入院、葬儀、相続などの資金のために余裕のある資産を持つこと。

(4)　病と闘うという強い意志を持ち続ける

がん宣告など病に負けない強い意志を持って生きる。

(5) **身だしなみに気をつけオシャレを楽しむ**

いつも身だしなみを清潔にして外出時にはオシャレを楽しむ。

(6) **家族、夫婦の絆を大切にする**

いつも助け合い思いやりの心で温かな家族を築くため絆を大切にする。

(7) **子離れ、配偶者離れで自立する**

いつかはひとり暮らしになるので自立生活を身につけ子離れ配偶者離れをする。

(8) **世間体を気にしない暮らし方をする**

他人の生き方や生活に振り回されない自分らしい暮らし方をする。

(9) **我を主張せず人の意見に耳を傾ける**

自分の意見に従わないのはなぜか、人の意見に耳を傾け理解をすることが大切です。

(10) **死に対する早めの準備をする**

末期がん入院、葬儀、相続などいざというとき慌てない準備を早めにしておく。

80　太く短くでなく細く長く生きる

(1)　太く短く生きるとは

親の反対を押し切って結婚したが三十年ほど経つとこんなはずではなかった。この結婚は失敗だったと悔やみ毎日悲しんでいる。いっそ夫を早死にさせて保険金を受け取り老後は楽しく暮らそうと夢見る妻がいます。夫を早死にさせる方法が書かれた本がいくつか出版されています。

① 食事は肉食中心にたくさん食べさせ野菜を少なくする。
② お酒、タバコは制限なく毎日すすめる。
③ 夫を太らせるため運動を極力させない。
④ 旅行などに出かけずいつも夫に文句を言いストレスを高める。

右のような生活は④を除けば妻は俺に良く尽くしていると錯覚をする人もいます。これこそ楽隠居と思うかもしれません。しかし、これこそ太く短く生きることになります。長寿を望む人はこの巧妙な計画に騙されないことです。

(2) 細く長く生きるとは

人の老化は止められません。死は誰にもいつかはやってきます。細く長く充実した人生を送るためにはどうすればよいか、食事、運動、病気などに気をつけるほかに次のようなことに心掛けることを提案します。

① 七十歳代は
生きがい見つけの旅をする。人生の後半をやり残しのないように自分にできること、楽しいことをみつけて大いに謳歌する。

② 八十歳代は
世の中の動きにいつも興味を持ち続ける。テレビ、ラジオ、新聞などから情報を得る。大欲を望まずオシャレをして外出の機会を作り、新しい発見をして活き活きと過ごす。

③ 九十歳代
日常生活をなるべく自分でやる。人には親切に接し感謝の心を忘れない。そろそろお迎えの準備を心掛けて穏やかな日々を過ごす。

81　一日値千金

貝原益軒は「養生訓」のなかで「老後の一日は値千金」と説いています。高齢者の一日は若い人と比べると一日が早く一日を十日、十日を百日と考えて過ごすことから老後の時間を大切に使いなさいと戒めています。

老化はどなたにもやってきます。老化を止めることはできませんが少し遅らせることはできます。それには高齢者の生き方を工夫する必要があります。

百歳まで長生きされた方々の生き方を拝見すると、どなたもなんとなく過ごしてきたら百歳になったという人はいません。明治、大正、昭和の激動期を大変な苦労をして過ごされました。食糧難で粗食に耐え、激しい労働に汗を流し一生懸命働き続けた結果百歳を迎えられました。高齢者が一日は値千金という自覚で生きようとすればどのような工夫をして暮らせばよいか考えてみましょう。

(1)　脳を活性化する生き方

新聞、テレビ、書籍、音楽、美術などいろいろなジャンルから新しい知識を学び脳を活性化する。脳のトレーニングをすることです。

(2) 身体を動かし病気に負けない生き方

自分ができる運動を日課と決めて実行する。軽い体操でも近くを散歩することでもよいです。身体を動かすことが病気に負けない体質を作ります。

(3) 食を楽しむ生き方

毎日の食事を楽しむことができるのは高齢者にとって幸せなことの一つです。どんな料理でも作られた人に感謝して美味しくいただく。旬の食材をいただくとまたこの季節が来たのか一年は早いと改めて感じることです。来年も美味しく食べたいと願望を膨らますのです。

日野原重明先生は多胡輝先生との共著「長生きすりゃいいってもんじゃない」(幻冬舎)のなかで、「生きることの価値ということを考えたときに、どれだけ長く生きたかということでなく、どれだけ深く生きるかが大切です」と述べています。一日を大切に生きてこそ生きる価値は高まります。

82　百歳の大先輩から生き方を学ぼう

(1) 元気な大先輩が大勢います

健康で自活した百歳をめざすには人生の大先輩の生き方から学ぶことは大切です。百歳以上の方々の日常生活を拝見してみましょう

① 日野原重明先生は、現役の医師として治療と後輩の指導のほか講演、著作、演劇活動などで全国を飛び回っています。

② ドイツの女性ラポポルトさんは、八十年間医学の勉強をして百二歳で医学博士を授与されました。

③ 岡田こがねさんは、毎日三時間ほど庭や畑百坪を掃除、草むしり、農作業をして元気に暮らしています。

④ 吉田信さん・ツルさん夫婦は、百歳と百一歳のとき、「百歳じいさん、百一歳ばあさん」を出版（講談社刊）しました。

世の中には百歳を迎えて元気にそれぞれの道で活躍している方々が大勢いることがわかります。

(2) 百歳をめざすには自分流の生き方をみつけること

若い時は仕事人間としてまた家族のため過重な労働に耐えてきた人も多いと思います。高齢になれば誰もが肉体的にも精神的にも若い時と異なりじわじわと老化現象が見られます。これからは百歳の方々の生き方から自分流の生き方をみつけてみませんか。

① やりたいことをしているので毎日が楽しい。好きなことを毎日続けていて少しも苦にならず生きがいとなっている。

② 働くことで自然に身体全体を使うので健康を維持できる。

③ 仲間と語り合うことで孤独にならずストレス発散になり悩みなどなく幸せな毎日を送っている。

皆さんひとりひとりが自分に合った生き方をみつけて無理をせず百歳人生をめざそうではありませんか。

83　百歳をめざし幸せや喜びをたくさん享受しよう

なぜあなたは百歳をめざすのですかと問われれば、私は幸せや喜びをたくさん享受できるからですと答えます。百歳は人生最大の贈り物であり最大の夢であると考えているからです。

なぜ人は命を失うかもしれないエベレストや北極点をめざすのか、ヨットで世界一周航海をめざすのか、百歳をめざすのとなにか共通点があるかもしれません。その共通点は道のりが長く、辛く、苦しいが達成すれば素晴らしい幸せや喜びをたくさん享受できることです。百歳をめざすための幸せや喜びを考えてみましょう。

(1)　健康に感謝

いくつも病気を経験してきたがこの苦しみは実体験した人しか理解できない。がん治療の抗がん剤、放射線治療などを乗り越えて今は三度の食事も美味しく食べられるし、家族がそばにいてくれるので穏やかに毎日を過ごせる幸せは何物にも勝る。健康がこんなにうれしい贈り物であることを実感している。

(2) 配偶者に感謝

好きで一緒になったが、子どもの教育方針、家計費などで何度も口喧嘩をしたりしてきた。子どもが自立し定年を迎えてからはふたりとも好きなことをして暮らせたのはお互いが相手を尊敬し助け合ってきたことによる。穏やかに老後を仲良く暮らせる毎日に感謝している。

(3) 子、孫に感謝

遠方に住んでいる子、孫が一年に何回か実家に帰ってくる。孫の入学、卒業、就職、結婚とこれからの活躍が楽しみです。そして、時々私たちの安否をメールで問い合わせてくる。元気な声を聴くことで自分たちももっとがんばろうと思う。

(4) 仲間に感謝

学友、仕事友、趣味友、お茶友などは高齢者にとって遊びの相手ばかりでなく悩みに親身に相談にのる仲間です。喜怒哀楽を共にできることで老後生活が幸せに楽しくなります。百歳をめざしたくさんの幸せと楽しみを享受してください。

第七章　最期に「ありがとう」を言おう

84　ほどほどの人生で満足を

「過ぎたるはなお及ばざるがごとし」は論語の言葉です。度を過ぎたことも足らないことも同様で、両方ともよくないという意味です。高齢者の多くの人は戦中戦後の悲惨など ん底生活を、また高度経済成長期には物の豊富な暮らしまで貧困と豊かさの両方を精一杯生きてきました。残された余生を度が過ぎることもなく不十分な生活でもない平穏な暮らしで良いと思いますがいかがでしょうか、ほどほどの生き方を考えてみましょう。

(1)　健康に良くないことはしない

食べ放題、飲み放題は高齢者には昔の食糧難で食べられなかった時期を思い出します。でも無理はしないことです。量より質の良いものをいただきましょう。腹八分といいますが何事にも度が過ぎないように暮らしていきましょう。

(2)　自分の身体と相談して働く

まだ勤務している高齢者もいると思いますが重労働で過酷な勤務は避けましょう。賃金を得るためにはやむを得ないかもしれませんが身体と相談してください。疲れたと感じたら休む、いつまでも若いと過信しないことです。

(3) 買物は余裕資金の範囲内で

テレビや新聞広告で健康に良い、新製品がでたと直ぐに申し込む方が多いのですが、お金は老後の大切な資金です。余裕資金でない場合には買うのを少し伸ばしましょう。お金の苦労を少しでも減らす暮らし方をしましょう。

(4) 一攫千金に走らない

パチンコ、競馬競輪、株投資で現金がなくても投資できる信用取引、数か月先の商品売買取引など一攫千金を狙ってする取引には近寄らないようにしましょう。

なぜ衣食住が足りてももっと豊かになりたいのか、なぜほどほどの生活で満足できないのか、今日生きていることに感謝をする心が大切でお金では買えない心の持ち方であなたの人生を幸せ一杯にしてください。

85　余命数か月心残りのない日々を

余命数か月と告げられた時どのようなことをしておかなければならないか、意識がはっきりとしている時やるべきことを考えてみましょう。

(1)　延命治療、尊厳死

主治医、家族に延命治療、尊厳死について自分の希望を話しておく。

(2)　会いたい人にお別れ

会いたい人がいれば連絡をとってもらいお別れをする。

(3)　形見分け

感謝の言葉を添えて相手がもらっても喜ぶものを形見分けする。

(4)　食　事

食べても良いというもので好きなものを取り寄せてもらい食を楽しむ。

(5)　趣味を楽しむ

寝たきりでもできる趣味を楽しむことをあきらめない。

(6) 最近のできごとを知る

テレビ、ラジオ、新聞で最近のできごとを知り関心を持ち続ける。

(7) 心豊かに過ごす

読みたい本、聞きたいCDなど自分の好きなものを取り寄せ心豊かに過ごす。

(8) 思い出を振り返る

アルバム、日記などをみて楽しかった日々を家族に話し思い出を振り返る。

(9) 葬儀、お墓

葬儀、お墓について自分の考えを家族にはっきりと話をしておく。

(10) 相続

遺言書を家族にみせて相続でもめないように話をしておく。

(11) 家族に感謝

家族に大変迷惑をかけたことを詫び自分を一生懸命支えてくれたことを感謝する。

余命数か月でも最期までがんばりましょう。やれることはいくつもあります。心残りのないようにお過ごしください。

86　子どもに自分の生き方を遺せればよい

人はいつかこの世を去ります。このとき子どもに何を遺したいのでしょうか、多くの親は相続財産（現預金、土地、建物など）ですが私は自分が歩んできた生き方を遺せれば最良と思います。

(1)　健康で安心できる家庭

夫婦仲が悪く暗い雰囲気の家庭では子どもが伸び伸びと育つことはないです。親子がいつでも話し合える健康で安心できる家庭は親が築いていくのです。子どもが健やかに成長していく家庭の姿を見てもらいたい。

(2)　個性を大切にする生き方

人の生き方は千差万別、子どもが将来どのような生き方をしたいのか親が勝手に決められません。子どもの夢を聞き、親として何を応援できるか経済的、精神的援助のほかに、個性を大切にする生き方を学んでもらいたい。

(3)　正直に懸命に働くことの大切さ

自分の職業に誇りを持ち正直に一生懸命働いている姿は子どもに健全な職業観を与えます。働くことの大切さと仕事の夢を持つことができます。

(4) 挑戦することで夢が実現できる生き方

自分が挑戦して実現したことを伝えることは大切です。失敗を恐れず挑戦することがいかに困難でも最後までやり遂げる姿は子どもに夢を与えます。

(5) お金の大切さを身につける

お金があればあらゆるものが手に入る社会になりました。しかし、お金を稼ぐことは容易なことでないことを若い時から知る必要があります。お金が人の一生を幸せにも不幸せにもする事実を語りお金の大切さを身につけてほしい。

(6) ひとりでは生きていけない社会

人が生きていくにはお互いが助け合っていかなければ生きていけない社会です。お金があれば一人で生きていけると錯覚する若者がいることは残念です。どんな職場でもたくさんの人のお世話により生きています。人の優しい心と思いやりが大切であることを親の行動から感じてもらいたい。

87 「よくがんばった」と自分を誉めよう

「人の一生は重荷を負うて遠き道を行くがごとし」徳川家康の遺訓です。一生のうちには苦しみ、悲しみのほか楽しみ、嬉しさ、喜びもありました。静かに自分の一生を振り返ってみましょう。

(1) 親から自立

高齢者の多くの人は日中戦争、第二次世界大戦そして敗戦を経験しています。食糧難とどん底の耐乏生活の体験者です。親の懸命な働きのお蔭で学校を卒業し就職し無事自立をして社会人の仲間入りができました。

(2) 結　婚

ささやかな結婚式を挙げ貧しいけれど楽しい新婚生活がスタート。狭いアパートでもふたりの新婚世帯は毎日が幸せでした。

(3) 子育て

ふたりの愛情から子どもに恵まれ一喜一憂しながら子育て、七五三、入学式、卒業式、成人式、就職と子どもは自分の道をみつけて自立していきました。

(4) マイホーム

共働きで頭金を貯めローンを組んでマイホームを建設。自分の家を持てたことで人並みの暮らしができたと実感しました。

(5) 定　年

六十五歳で定年となりいよいよ年金生活に入りました。仕事では不満もありましたが家族のために頑張ってきました。長年の労働に夫婦で感謝の祝宴をしました。

(6) 老後の楽しみ

定年後のご褒美として国内の名所めぐりと海外旅行、毎日が日曜日なのでシニアクラブに入会し仲間作りで楽しむ。運動を兼ねての毎日の散歩、子ども孫との交流など充実した日々を過ごす。

長くもあり短くもあった一生ですが、生きていくことは苦しいことばかりでなく楽しいこともあり「人生は面白い」と実感できれば幸せです。自分の人生を静かに振り返り「よくがんばった」と誉めてあげましょう。

88　最期は「ありがとう」と感謝の言葉を

病と闘い最善の治療をしても回復しない。そろそろお迎えがやってくる頃です。人間いつかは老いて死を迎えます。月満つれば則ち欠く。その時がきたと心に決めて配偶者子ども孫など家族に、そしてお世話になった親友、医療関係者にきちんと感謝の言葉を述べましょう。

(1)　配偶者、家族の皆様へ

①　幸運に恵まれた家族に感謝
苦しい時も悲しい時も決してあきらめず家族が一致団結して生きてきたことは幸運に恵まれた一生でした。

②　夫唱婦随に感謝
いつも思いやりと笑顔で仲良く暮らしてきたベストパートナーと来世も一緒に。

③　子どもが自立できたことに感謝
自分で進むべき道を決め自立した子どもたちは素晴らしく嬉しい。

④　親孝行できたことに感謝

⑤　親が存命中に孝行ができありがとうと言われたことで安心しました。
財産を少しは子どもに遺せたことで感謝
仕事に恵まれ人並みに財産を子どもに遺せました。

⑥　長寿を享受できたことに感謝
食生活、運動など体調管理に気配りしてくれたので長寿を享受できました。

(2)　医療関係者、親友の皆様へ

①　親身な治療、看護に感謝
最新治療と二十四時間看護体制で親身に対応してくれました。

②　最後まで励ましてくれた親友に感謝
いつも気軽にやってきて励ましの言葉で勇気をいただきました。

最期のお別れは病床です。できれば手紙を事前に書いて渡しても良いです。
「たくさんの方々にお世話になりました。心より御礼と感謝を申し上げます。皆さんも元気にお暮しください。ありがとうございました。さようなら」

おわりに

百歳人生は誰にでも与えられている人生最大のプレゼントです。しかし、世界の人口約七十三億人のうち百歳以上の人は現在約三十二万人、このうち、日本人が約六万人で世界一位です。いかに百歳への道は厳しく困難か分かります。でも、百歳を無事迎えられたらどなたも感激と感謝で人生最良の日となることでしょう。

どうすれば百歳のお祝いが迎えられるか、本書のなかで述べていますが、キーワードは食事、運動、病気との闘い、お金、家族や友人、共助と自立、愛と絆、ストレスとの対応、趣味を楽しむとともに生きがい見つけ、前向きに生きるなどいくつかの項目に集約されます。どのように生きていくかは皆さんひとりひとりの日々の過ごし方で決まります。

人間の老化はまだ医学的に進行を止められません。しかし、世界各地で日々病気に関する治療方法や新薬などの研究開発が行われており、遺伝子（ＤＮＡ）レベルの解明に挑戦しています。必ず近いうちに光明が見えてきます。このような明るいニュースを聞くと二十一世紀に生きる私たちはたくさんの人が百歳人生も夢ではないような気がします。百歳は私自身に課した挑戦であることは本書のはじめに述べたとおりです。私は現在七十歳代で持病もありますが、趣味やスポーツで健康維持に努めています。本書のヒントは私自身が日々の暮らしのなかで実行すべき課題でもあります。

皆さんには本書を読んで無理をせず気楽にできることからマイペースで実行してみてください。百％を望むことはありません。生活を改めたいならば少しずつ改めていく。そうすることにより自然と百歳に近づけると確信しています。

本書の完成には妻輝子には原稿の添削と言葉使いや女性からみた高齢者の生き方について適切なアドバイスを受けました。また、孫の大学生健成君には私が仕事を辞めてから七年ほどパソコンを使用しなかったため一から特訓を受けました。両名には厚く御礼申し上げます。

夢はみることにあるのではなく実現することに意義があります。皆さんは困難なこと、苦しいことに耐えることは若い時にたくさん体験してきました。本書のタイトル「百歳は夢でない」のように皆様が健康に留意されて元気に百歳を迎えられたら自分自身に対し「よくがんばったね、幸せな百年でした。百歳万歳」とすてきな自分にお祝いができることを心より願っております。

岡野 誠一（おかの・せいいち）

1942年中国上海市で生まれ。
父は日本企業に勤務していたが現地で召集される。
戦況悪化のため終戦前に母子で日本に帰国。
明治大学卒。
元国家公務員、文部科学省（旧科学技術庁）、航空宇宙技術研究所等に勤務。
退職後（財）地球科学技術総合推進機構勤務。
2013年4月勲章（瑞宝双光章）受賞。
72歳から明治大学で社会人学生として2年間再び学ぶ。
趣味は読書と男の料理。68歳から主夫業を分担中。
ＮＡＳスポーツクラブで水泳とジムで健康維持に励む。
家族は妻（元教員）一男二女孫四人、埼玉県川越市在住。
なお、2017年2月から「老後の生き方を考える」出前講座で活動中。

百歳《ひゃくさい》は夢《ゆめ》でない―こうすれば近づける88のヒント―

著　者　岡野誠一《おかのせいいち》

発行日　　2017年3月25日　第1版第2刷発行

発行者　　田辺修三
発行所　　東洋出版株式会社
〒112-0014　東京都文京区関口1-23-6
電話　03-5261-1004（代）
振替　00110-2-175030
http://www.toyo-shuppan.com/

印刷・製本　日本ハイコム株式会社

ISBN 978-4-8096-7855-4
定価はカバーに表示してあります